U0598939

十万个为什么
地理大探险
DILIDATANXIAN

《科普世界》编委会 编

内蒙古科学技术出版社

图书在版编目（CIP）数据

地理大探险 /《科普世界》编委会编. —赤峰：
内蒙古科学技术出版社，2016.12（2022.1重印）
（十万个为什么）
ISBN 978-7-5380-2750-1

I. ①地… Ⅱ. ①科… Ⅲ. ①地理—普及读物 Ⅳ.
① K9-49

中国版本图书馆CIP数据核字（2016）第313128号

地理大探险

作　　者：《科普世界》编委会
责任编辑：那　明　张继武
封面设计：法思特设计
出版发行：内蒙古科学技术出版社
地　　址：赤峰市红山区哈达街南一段4号
网　　址：www.nm-kj.cn
邮购电话：(0476)5888903
排版制作：北京膳书堂文化传播有限公司
印　　刷：三河市华东印刷有限公司
字　　数：140千
开　　本：700×1010　1/16
印　　张：10
版　　次：2016年12月第1版
印　　次：2022年1月第3次印刷
书　　号：ISBN 978-7-5380-2750-1
定　　价：38.80元

每一个人都有一个走遍世界的梦想，然而世界很大，我们不可能每个地方都能亲自到达。因此，那些想不通的问题只能压至心底，那些看不到的奇观也只能变成遗憾。

幸运的是，我们生活在一个高速发展的信息时代，全世界的地理探索、全世界的奇观秘密都可以得到共享，而本书就是一本最值得信赖的答疑手册。翻开本书，就踏上了一辆通往了解世界地理奇观的列车，它将引导我们攀爬高山雪峰，穿越草原荒漠，飞渡江河湖泊，去发现那些已经存在却充满神秘的未知领域，了解那些世界各地的自然地理现象以及成因，然后在轻松愉悦或是惊险刺激的畅游中开阔视野，收获智慧。

古语云：读万卷书，行万里路。通过阅读本书，相信每个人都能对地理知识有一份更深的理解，并对世界的形成、演变产生敬畏，为我们人类在这样的世界上生存而感到骄傲！

P*art* ❶
峡谷、盆地、山川

目录 Contents

Part 2 草原、荒漠

Part ③
江河、湖泊

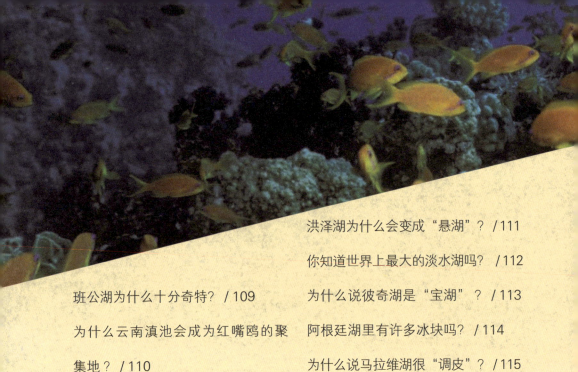

Part 4
名泉、沼泽、瀑布

Part ⑤
海洋、岛屿

part 1

峡谷、盆地、山川

为什么说东非大峡谷被称为"地球的伤痕"?

著名的东非大裂谷就是世界上最长、最深的大断层,被称为"地球的伤痕"。大约 3000 万年前,曾发生过强烈的地壳断裂运动,当地壳岩层受到地壳运动引起的强大外力时,便发生了断裂和破碎,从而形成裂谷。随着抬升运动不断进行,地壳的断裂不断产生,地下熔岩不断涌出,渐渐形成了高大的熔岩高原,高原上的火山则变成众多的山峰,而断裂的下陷地带则成为大裂谷的谷底。目前,东非大裂谷仍在以每年 5 厘米的速度向两侧扩张。科学家们预测,按照这种速度扩张下去,在 2 亿年后,裂谷间将会形成一个新的海洋。

▼ 非洲毛里求斯东非大裂谷风光

▲ 黄石大峡谷

黄石大峡谷是怎么形成的？

　　黄石大峡谷是由黄石河冲蚀地热腐蚀的火山岩形成的，后来，大峡谷又接连经历过 3 次冰川的侵蚀，逐渐形成现在这种典型的 V 形峡谷。黄石大峡谷幽深曲折，还有汹涌奔流的河水瀑布和光怪陆离的风化火山岩，而峡壁上黄、绿、朱红等颜色相互交错，在阳光下闪着耀眼的光泽，引人入胜。由于峡谷里的水源来自黄石公园的黄石湖，所以，这条长约 38 千米的险峻峡谷也是黄石公园最壮丽的景观之一。

▲ 科罗拉多大峡谷——地球上最大的裂缝

你知道科罗拉多大峡谷吗？

　　科罗拉多河中夹带大量泥沙，河水常显红色。这条河流日夜不停地向前奔流，有时开山劈道，有时让路回流，最后在流经亚利桑那州多岩的凯巴布高原时，便形成了科罗拉多大峡谷这个奇观。科罗拉多大峡谷的形状极不规则，大致呈东西走向，蜿蜒曲折。峡谷两岸是红色的巨岩断层，反映了不同地质时期的地貌特征。然而最为奇特的是，这些岩石能随着太阳光线的强弱，时而呈深蓝色，时而呈棕色，时而又变成赤色，变幻无穷。另外，由一些由水流冲击而成的岩穴石谷，形状千奇百态，色彩通红如火，每一处岩石都像一幅精美的画卷。科罗拉多大峡谷不是世界上最深的峡谷，但是它却以其丰富多彩的构造而成为地球上自然界七大奇景之一，成为大自然的一个奇迹。

布赖斯峡谷的奇异色彩是怎么形成的？

　　布赖斯峡谷位于美国犹他州南部、科罗拉多河北岸的帕绍甘梯高原东端，峡谷之所以闻名世界，是因为它是一个颜色鲜艳的岩石峡谷。

　　布赖斯峡谷内有十几条深达 300 多米的山谷，岩石呈红、淡红、黄、淡黄等 60 多种色度不同的颜色。颜色的多样，加上光彩变幻，使布赖斯峡谷的岩石的色泽流金溢彩，极为耀目。科学家对此进行了考察研究，原来，约 6000 万以前，峡谷所在区淹没在水里，有一层由淤泥、沙砾和石灰组成的沉积物。后来，地壳运动使地面抬升，在上升过程中庞大的岩床断裂成块。这些岩层经风霜雨雪侵蚀后变成奇形怪石，而岩石中的金属成分则给岩层增添了鲜艳的色彩，这就是布赖斯峡谷的岩石颜色鲜艳之谜。

▼ 颜色鲜艳的岩石峡谷

峡谷、盆地、山川

5

为什么说锡安山峡谷是"人间天堂"？

　　锡安山国家公园里有两个峡谷，分别是北边的科罗布峡谷和南边的锡安山峡谷。锡安山峡谷是由维尔京河冲刷而成。峡谷内到处可见茂密的树林、潺潺溪流，以及高山怪石，这些岩石色彩绚烂，呈暗红、橘黄、淡紫、粉红各种颜色，在阳光的映衬下变幻无常。峡谷周围还有白杨、栎木和枫树的新绿，以及崖壁上的植被与地衣的嫩绿经阳光照射，使峡谷更加妩媚迷人。而到了夕阳西斜，两旁高山被染成一片瑰丽金红，成为一道极其少见的景观。因此锡安山峡谷被称为"人间天堂"。

▼ 颜色多变的锡安山大峡谷

▲ 峡谷内的河流

为什么说穿过科尔卡大峡谷的河流是最艰险的挑战?

科尔卡大峡谷是一个横穿安第斯山的峡谷, 峡谷全长90千米, 深度达3400米, 是世界上最深的峡谷之一。

在科尔卡峡谷上的山脉间有一条64千米长的山谷, 林立着80多座锥形火山。它们有的从原野上隆起, 有的位于山麓周围, 有些火山锥上还长出了仙人掌和粗茎凤梨属植物。

科尔卡大峡谷就像是山脉被一把大刀斩断了的裂缝存在于安第斯山脉中。雨季时, 水流汹涌的科尔卡河蜿蜒于谷底散布的死火山间。对于喜欢冒险的人来说, 穿过峡谷的河绝对是艰险无比的挑战, 更何况峡谷每天的气候变化也非常大, 这也考验着探险者的意志力与适应能力。

峡谷、盆地、山川

为什么说哥伦比亚河峡谷是一条危险通道？

哥伦比亚河峡谷是位于太平洋西北地区哥伦比亚河的一个峡谷。哥伦比亚河流域水系复杂，水量丰沛，支流众多，河段多陡峭的峡岸和急流险滩。

哥伦比亚河峡谷长度超过 130 千米，最深处达 1200 米。早年，移民沿着被称为"俄勒冈道"的 3200 千米马车路西行，一旦抵达哥伦比亚河峡谷就意味着进入了全程最危险的地带之一，因为一不小心就会葬身在湍急的哥伦比亚河中。

虽然危险，但哥伦比亚河峡谷却是连接哥伦比亚高原和太平洋的唯一水运通道。

▼ 哥伦比亚河峡谷

▲ 雅鲁藏布江风光

地球上最深的峡谷在哪里?

　　雅鲁藏布大峡谷是地球上最深的峡谷,它处在雅鲁藏布江的下游。整个峡谷地区冰川、绝壁、陡坡、泥石流和巨浪滔天的大河交错在一起,环境十分恶劣,许多地区至今仍无人涉足,堪称"地球上最后的秘境"。但是,由于受到印度洋暖湿气流影响,大峡谷气候宜人,再加上拥有极大的原始森林,使其成为雪域高原上的一个天然氧吧,得到了"东方瑞士""西藏江南"等美誉。

峡谷、盆地、山川

▼ 怒江峡谷美景

为什么怒江大峡谷"一山分四季"?

　　怒江大峡谷位于滇西横断山纵谷区澜沧江、怒江、独龙江并流地带，是世界上最长、最神秘、最美丽险奇和最原始古朴的东方大峡谷。这里山高、谷深、水急，神秘莫测，而且由于受到印度洋西南季风气候影响，形成了"一山分四季，十里不同天"的气候类型，经常是谷底丛林苍翠，炎热如夏，山坡花俏草黄如春似秋，而峰顶则是冰雪覆盖，一派冬景。

长江三峡是由哪三个大峡谷组成的？

　　长江三峡即指瞿塘峡、巫峡和西陵峡，西起重庆市的奉节县，东至湖北省的宜昌市，全长 205 千米。三峡两岸高山对峙，崖壁陡峭，山峰一般高出江面 1000 ～ 1500 米，最窄处不足百米。长江三峡是由于这一地区地壳不断上升，长江水强烈下切而形成的，是万里长江一段山水壮丽的大峡谷，为中国十大风景名胜之一，也是世界大峡谷之一。

　　在长江三段峡谷中，瞿塘峡是三峡中最短，也是最雄伟险峻的一个峡谷，它能"镇全川之水，扼巴鄂咽喉"。西陵峡是三峡中最长的一个，以滩多水急闻名。巫峡则以幽深秀丽著称，整个峡区奇峰突兀，怪石嶙峋，峭壁屏列，绵延不断，宛如一条迂回曲折的画廊，处处有景，景景相连，是三峡中最可观的一段。

▼ 三峡工程景观

峡谷、盆地、山川

▲ 青铜峡与长江三峡一样，也兴建了水利大坝

青铜峡黄河大峡谷的名字是怎么得来的？

　　青铜峡黄河大峡谷位于宁夏平原中部，是黄河上游最后一个峡谷。传说，古时大禹治水来到此处，劈山成峡，黄河水一泻千里，恰巧夕阳西下，晚霞与河水互映在峭壁上，顿时呈现出一片青铜色，于是青铜峡的名字便诞生了。

　　青铜峡黄河大峡谷长 30 多千米，宽 50～100 米，两侧的崖壁超过 30 米，具有典型粗犷雄浑的北方黄河大峡谷特色，被誉为"黄河中上游第一峡谷"。大峡谷曲曲折折，远看河面悠悠，近观奔腾汹涌，灰色巨岩在两岸悬崖绝壁上巍然矗立，气势磅礴，是探险者的理想之地。

为什么黑竹沟被称作"死亡之谷"？

　　黑竹沟位于中国四川省西南部的小凉山山区，面积约有 180 平方千米。由于黑竹沟山谷地形独特，植被茂盛，再加之雨量充沛，湿度大，所以经常是云雾缭绕，阴气沉沉，一旦深入其中，就会被雾包围吞没。林区峡谷幽深，山林深处，路越窄，林越密，稍有不慎就会滑下陡坡坠入万丈深渊。在黑竹沟，石门关和"川"字瀑布是最危险的地段，这里也是传说中发生多次神秘失踪事件的鬼门关。曾经有很多人走进黑竹沟，然后失踪死亡，因此，这里被称为"恐怖死亡谷"。

▼ 四川境内的谷底密林

哪个峡谷的枫叶最红？

▼ 圣安妮峡谷风光

　　距离加拿大魁北克城东约 40 千米处，有一处 1.2 亿年前经过地质运动形成的沉积岩峡谷——圣安妮峡谷。圣安妮峡谷内树林茂密，还有多处瀑布穿插其间，景色十分壮观。其中，尤为值得称奇的是，每到秋季，由于峡谷内的温差作用，峡谷内的枫叶由低到高变成不同的颜色，将山顶、山腰和谷底层层覆盖，景色美不胜收，可称得上是"枫"景之最。

▲ 大峡谷风光

韦尔东峡谷为什么被称为"自杀谷"？

　　韦尔东峡谷位于法国的普罗旺斯地区，是世界上最深的峡谷之一。一直以来，韦尔东峡谷都是著名的攀崖场所，攀登者把绳子绑在高达 300 米的宽阔的石灰石悬崖上，然后向上攀登。同时，峡谷独有的地质现象也吸引了不少学生，由此成为欧洲许多大学的野外教学实习基地。

　　不过，韦尔东峡谷是以"自杀谷"闻名世界。在 1940 年至 1980 年间，有数十位自杀者驾车自坠峡谷，因此韦尔东峡谷公园负责清理的人说"韦尔东峡谷就像一座汽车博物馆"。 1980 年后，当地政府在公路濒临峡谷一侧设置了路障，此后驾车坠谷自杀的人已有所下降。

世界最大的盆地叫什么？

刚果盆地亦称扎伊尔盆地，原为内陆湖，因地盘上升和湖水外泄，最终形成典型的大陆盆地。这个地区是前寒武纪非洲古陆块的核心部分。它不仅是非洲最大盆地，也是世界上最大的盆地。

刚果盆地位于非洲中西部下几内亚高原、南非高原和阿赞德高原之间，大部分在扎伊尔境内，包括刚果河流域的大部分，面积约337万平方千米。其地形周高中低，除西南部有狭窄缺口外全被高原山地包围。内部为平原，面积约100万平方千米，地势低下，平均海拔300～500米，从东南向西北倾斜，多湖泊，有大片沼泽。平原外围有孤山和丘陵，高度为海拔500～600米，是平原和盆边高地的过渡带。北缘为中非高地，平均海拔700～800米，是刚果河、乍得湖、尼罗河三大水系的分水岭；东缘为米通巴山脉；东南缘是南非高原北端的加丹加高原，为刚果河和赞比西河的源地；西南缘隆达高原是安哥拉比耶高原的北延，为刚果河、开赛河和安哥拉北部诸河的分水岭；西缘为喀麦隆低高原、苏安凯山地、凯莱山地和瀑布高原等一系列高地。刚果盆地有刚果河及其支流形成的单一完整的水系。

刚果盆地还拥有仅次于亚马孙河盆地的世界第二大热带雨林，汇聚了极其丰富的物种，包括1万多种植物，400多种哺乳动物，1000多种鸟，200多种爬行动物。这里的大森林也被称为地球上最大的物种基因库之一。

◀ 刚果盆地的瀑布

▲ 柴达木盆地中分布着许多湖泊沼泽

为什么柴达木盆地分布着许多沼泽？

　　沼泽的形成需要三大基本条件：1. 降水量大于蒸发量；2. 地下水位高；3. 有冻土层。柴达木盆地降水稀少，多以高山冰雪融水为主。这里地势低平，水流容易汇集，而且气温特别低，有利于地下冻土层的发育。当水流聚集到低地时会携带大量矿物质，这些物质随着淡水的不断蒸发而不断积累，经过漫长的时间后，就形成了大量的盐湖和沼泽。

为什么吐鲁番盆地被称为"火焰山"？

　　吐鲁番盆地位于我国西北部，地势低洼，气候干燥，气温很高又不易散发，在当地有"沙子里面烤鸡蛋，戈壁滩上烙大饼"的说法，是我国温度最高的地方。此外，盆地中横卧着一条红色的砂岩，在烈日下呈现出火红的光，被称为"火焰山"。就这样，炎热的气温，滚烫的地表，再加上红色的光组合在一起，就构成了一座名副其实的火焰山。

▼ 吐鲁番盆地气温很高，夏季地表温度能达到 70℃以上，而沙漠表层的温度高达 82.3℃

▲ 建在盆地的油田景观

塔里木盆地为什么是菱形的?

　　塔里木盆地位于我国西北部的新疆，处于天山和昆仑山、阿尔金山之间。东西长约 1400 千米，南北宽约 550 千米，面积约 56 万平方千米，是我国面积最大的内陆盆地。

　　塔里木盆地地势西高东低，并稍微向北倾斜。由于边界受东西向和北西向深大断裂控制，大体呈不规则的菱形。盆地的中部是著名的塔克拉玛干沙漠，边缘为山麓、戈壁和绿洲。同时，因为居于亚洲大陆中心，气候干燥，雨量极少，且风大，风速常在 5 米 / 秒以上，因而有石蘑菇和风城地貌发育。

▲ 巨大的岩矿

为什么四川盆地被称为"紫色盆地"？

　　四川盆地区域的岩石主要由紫红色砂岩和页岩组成，这两种岩石极易风化发育成紫色土。紫色土富含钾、磷、钙、镁、铁、锰等多种营养元素，土质风化度低，土壤发育浅，是我国最肥沃的自然土壤，这种土壤分布最集中的地方就是四川盆地。红土与苍翠的山林相互衬托，使四川盆地显得格外奇丽，因而也就有了"紫色盆地"的美称。

为什么说阿勒莱皮盆地曾是"恐龙的栖息地"？

阿勒莱皮盆地位于巴西，其之所以被称为"恐龙的栖息地"，是因为这里曾挖掘出了大约 1 亿年前的恐龙化石。而且，根据现有化石显示，这里的恐龙都是肉食性恐龙，它们可能是靠捕食鱼类为生，而植食性恐龙在此处没有发现。

现在的阿勒莱皮盆地是一片肥沃的土地，生长着多刺的树、仙人掌和青草。由于植被丰富，这一地区被列为国家地质公园，由此也为此地独一无二的化石宝藏提供了保障。由于这里的化石保存相当完整，所以它为科学家们研究恐龙提供了十分有价值的地质资料。

▼ 阿勒莱皮盆地，这里曾是巴西肉食性恐龙的栖息地

地球上为什么有那么多山？

地球的 1/3 面积是陆地，而陆地的 1/3 则是山地。地球上的这些山是怎么来的呢？原来，在几亿年前，地球表面的陆地并没有连在一起，它们互相挤压碰撞，形成了地壳运动。在这个过程中，地壳比较容易发生断裂，断裂的两侧相对上升或下降，就形成了最初的山。后来，经过不断演变，才变成了我们现在所看到的山。比如喜马拉雅山脉，它就是这样形成的，而且它还在不断地升高。

▼ 位于澳大利亚的科修斯科山

▲ 珠穆朗玛峰

为什么说珠穆朗玛峰是地球上第一高峰？

　　珠穆朗玛峰是喜马拉雅山脉的主峰，海拔 8844.43 米，是地球上第一高峰。珠穆朗玛峰山体呈巨型金字塔状，威武雄壮，地形极端险峻，山上一些地方常年积雪不化，冰川、冰坡、冰塔林到处可见。峰顶空气稀薄，含氧量只有东部平原地区的 1/4，而且还经常刮七八级大风，十二级大风也不少见。珠峰地区及其附近高峰的气候复杂多变，即使在一天之内也往往变化莫测，更不用说在一年四季之内的翻云覆雨。事实上，珠峰不但巍峨宏大，而且气势磅礴。在它周围 20 千米的范围内群峰林立，重峦叠嶂，仅海拔 7000 米以上的高峰就有 40 多座。

峡谷、盆地、山川

地球上最温暖的雪山在哪儿?

玉龙雪山是北半球离赤道最近的山脉，处于青藏高原东南边缘、丽江县城北面约 15 千米处。山势由北向南走向，雪山面积 960 平方千米，主山雪域风景位于海拔 4000 米以上。由于所处的地理环境特殊，玉龙雪山年平均气温为 11.3℃，最冷月平均气温 3.0℃，最热月平均气温 17℃，因而成为地球上最温暖的雪山。

▲ 玉龙雪山

▲ 南迦巴瓦峰

南迦巴瓦峰为什么被称为"杀手山峰"？

　　南迦巴瓦峰也叫那木卓巴尔山，藏语意思是"天上掉下来的石头"，有"众山之父"之称。它是喜马拉雅山东端最高峰，海拔7756米，排在世界最高峰行列的第15位，曾被《中国国家地理》杂志评选为中国最美名山之首。

　　南迦巴瓦峰呈巨大的三角形，三大坡壁大都被冰雪切割成风化剥蚀的陡岩峭壁，以西坡为最。在坡壁上，基岩裸露，道道雪崩留下的沟溜槽依稀可见，峡谷之中则布满了巨大的冰川。南迦帕尔巴峰还有个称呼，那就是"杀手山峰"。南迦帕尔巴峰地形险峻，气候恶劣，给攀登此峰的人造成了极大的困难。据说，早在1910年各国登山家们就企图进入该区，但直到1992年才被中日联合登山队伍征服，而此后再无人向其发起过挑战。

峡谷、盆地、山川

25

干城章嘉峰为什么被称为"雪山之尊"？

　　干城章嘉峰位于喜马拉雅山脉中段的尼泊尔王国和锡金边界上，干城章嘉峰在连绵的群山中突兀而起，山形复杂巨大。干城章嘉峰的海拔高度8586米，比珠穆朗玛峰低300多米。从知名度来说，干城章嘉峰的知名度远不及珠穆朗玛峰，但在世界第一高峰被确认之前，它却曾被认为是世界最高峰，被称为"雪山之尊"。而且，传说干城章嘉峰也是喜马拉雅"雪人"频繁出没的地方，这无疑给干城章嘉峰披上了更为神秘的色彩。

▼ 干城章嘉峰

▲ 祁连山

为什么祁连山附近水源充足?

　　祁连山附近的水源由两部分组成,一是自然降水,二是积雪融水。祁连山东坡和北坡的降水较多,东坡降水多的原因是来自太平洋的湿润水汽在山坡上升形成地形雨,而北坡降水多是来自北冰洋的水汽在迎风坡形成降水。西坡和南坡的降水较少。实际上,祁连山储水以冰川为主。在祁连山,有约2062平方千米的冰川面积,春夏季节,大量高山积雪融水成为巨大的水源补给。

峡谷、盆地、山川

为什么天山极具魅力？

　　天山山系是世界七大山系之一。在天山山系中，海拔在5000 米以上的山峰大约有数十座，这些高耸入云的山峰终年被冰雪覆盖，远远望去，闪耀着银辉的雪峰雄伟壮观，庄严神秘。其中，博格朗峰是天山东部的最高峰，山峰 3800 米以上白雪皑皑，终年不化，故有"雪海"之称。在博格达峰的山腰上，有一个名叫天池的湖泊，池中的水都是由冰雪融化而成，清澈透明。此外，虽然天山山系中众多的雪峰终年为冰雪覆盖，但是在3000 米雪线以下，还有丰富的动植物资源。比如托木尔峰北部的伊犁地区，牛、羊、骆驼分布很广，而在海拔几千米雪线以上还生长着许多灵花异草，雪莲就是其中之一。

▼ 天山

▲ 天台山

天台山为什么被称为"绿色明珠"？

　　天台山位于四川成都邛崃境内天台乡，因主峰玉霄峰海拔1812米，状若登天之台，所以命名为天台山。天台山风景十分特别，前瞰成都平原，后临玉溪河谷，右界蒙顶，左接玉林，是一天然与人工相结合的浩瀚高山林海。

　　天台山气候温和，雨量充沛，森林覆盖率达94.4%，是动植物理想的生存之所。在景区内，可以看到毛冠鹿、林麝、红腹雉、绿尾虹雉、鲵鱼等珍稀动物，还有帝王蝶等270多个珍贵的蝴蝶品种及17个萤火虫品种资源，种群数量繁多。此外，还有350多种植物，其中红豆杉、银鹊、多花含笑等珍贵树木就有20多种。正是因为这些，人们才把天台山称为具有科研价值的"绿色明珠"。

峡谷、盆地、山川

黄山上的奇峰怪石是从哪来的？

　　所有去过黄山的人都知道，黄山一景就是它的怪石。黄山石怪就怪在从不同角度看，就有不同的形状。据地理学家研究，黄山所在地本来是一片海洋，后来由于海底沉积物的长期堆积，加上地壳运动，黄山一带才成了陆地，又逐渐形成了今天黄山的方圆布局。到距今230万年前的第四纪冰期，地球上温度大幅度下降，气候变得非常寒冷，黄山也受到影响，岩石渗入花岗岩缝隙，岩石被胀裂甚至崩塌，形成各种形态。由于气温低，山顶上的积雪终年不化，越积越多，形成了冰川。冰川日夜对峰峦谷壁进行腐蚀、雕刻，最终形成了黄山怪石林立、泉瀑纵横的奇特地貌。所以说，黄山是大自然鬼斧神工的杰作。

▼ 黄山上怪石峥嵘，奇松挺耸

▲ 黄山云海景观

为什么黄山会形成云海景观?

　　黄山有四绝,分别为奇松、怪石、云海、温泉,其中以云海景观最为壮观。黄山云海之绝,在于云量大、云雾变换快和云海天数多。黄山之所以云量大、云日多,是因为成云致雨的水汽来源充足。黄山山高谷低,林木繁茂,日照时间短,水分不易蒸发,所以水汽多。同时,水面的蒸发、植物的蒸腾也是水汽补给的重要来源。黄山云雾之所以瞬息万变,是因为黄山峰顶与谷底地面白天受热增温与夜晚辐射降温的速度有差异,所以产生了山区特有的沿山坡滑升或跌落的山谷风。另外,每一座山峰都有阳坡和阴坡。由于阴阳坡受热不均匀,地面大气运动速度不同,便产生山谷中横向的气压差以及压差作用下的气流运动。在这种复杂的气流推动下,云雾就能在山谷中漂移、变换。

峡谷、盆地、山川

▲ 峨眉山风光

峨眉山为什么会出现"佛光"?

当人背向太阳站在峨眉山金顶，而前下方又弥漫着云雾时，会在前下方的天幕上看到一个外红内紫的彩色光环，看起来极像神奇的"佛光"。其实，这是一种非常特殊的物理现象。

当人背向太阳而立，阳光会将人影投射到观赏者面前的云彩上，云彩中的细小冰晶和水滴形成独特的圆环形彩虹，人影正在其中，所以"佛光"中显示出的就是观者的身影，人动影随，人去环空。比较神奇的是，即便两个观赏者拥抱在一起，每个人也只能看到各自的身影。千百年来，"峨眉宝光"驰名中外，因为这种现象的发生需要阳光、地形、云海等众多自然因素的结合，在其他地方极为罕见。峨眉山平均每5天左右就有可能出现一次便于观赏"佛光"的天气条件，时间一般在午后3～4点之间。

庐山为什么多云雾？

　　庐山云雾景观是庐山一大奇景。庐山全年云雾天气多达192天，这是由于庐山所处的特定位置为成云生雾提供了充足的水蒸气。庐山南依鄱阳湖，北傍长江，这种襟江带湖的地理环境使得庐山的水汽很盛。当水汽碰到空气中的尘埃，就会形成小水滴，而无数小水滴就形成了美丽的庐山云雾，把庐山诸峰笼罩其中。当峡谷中向上吹的风力比水滴下降的重力大的时候，水滴就会随风上飘，出现"雨自下而上"的奇观景象。

　　庐山云雾四季都有，夏季最多，秋季最少。云雾弥漫，夏季多发生在山顶，冬季多发生在山腰，这是因为冬季水汽凝结的位置低于夏季，所以冬季云层的位置也就低于夏季。

▼ 庐山含鄱口

峡谷、盆地、山川

三清山的壮丽景观是怎么形成的?

三清山位于江西省上饶市玉山、德兴两县（市）交界处。山体南北长 12.2 千米，东西宽 6.3 千米，平面呈荷叶形，由东南向西北倾斜。

三清山东险、西奇、北秀、南绝，美在古朴自然，奇在形神兼备，仙灵众相，惟妙惟肖，遨游于清虚之境，出没于云雾之中，古为道家福地洞天。山上奇峰怪石数不胜数，云雾宝光叹为观止，珍树仙葩世所罕见，灵泉飞瀑与丹井玉液媲美，幽谷溶洞为腾蛟起风卧虎藏龙之所。故有"天下第一仙峰，世上无双福地"之誉。

三清山神奇壮丽的景观是与适宜的地质、气候分不开的，是地壳运动、变迁的产物。三清山在地质史上经历了 14 亿年的沧桑世变，曾有三次大海侵和多次地质构造运动。

▼ 三清山

▲ 福贾山的特殊环境为棕榈提供了优越的生长环境

为什么福贾山内拥有大量新物种？

　　福贾山位于新几内亚西半岛的最东端，属于印度尼西亚。这里幅员辽阔，面积达 75 万公顷，这为稀有物种的繁衍进化提供了天然条件。经科学家探查，这里拥有 20 多种新蛙类、4 种新蝴蝶、5 种新棕榈和其他多种目前需要保护的植物。有意思的是，这里的动物均缺乏对陌生人的畏惧感，比如树袋鼠，即便被人捧在手中也不介意。事实上，新物种的存在，以及动物的不怕人，都是因为这里山高路远，极为偏僻，人们只有乘直升机才能到达。没有人迹，林区最大限度地保持了原始韵味。

峡谷、盆地、山川

为什么说锡纳朋火山是一座休眠火山？

印度尼西亚坐落在环太平洋火山带上，境内至少有 120 多座活火山。印尼火山大多源自巽他岛弧。巽他岛弧是由印度板块及印度—大洋洲板块隐没带所造成，并由安达曼群岛及东面的班达岛弧所包围。锡纳朋火山位于印度尼西亚首都雅加达。

锡纳朋火山是一座很长的安山岩及英安岩复式火山，高度大约为 2460 米，大部分的熔岩位于其侧翼。火山共有 4 个火山口，当中只有 1 个是活跃的。火山自 1600 年开始一直沉寂，是座休眠火山，直到 2010 年 8 月 29 日突然爆发。在此之前，关于锡纳朋火山的记录是 1912 年，人们在其顶峰位置观察到了火山喷气孔，但在最近爆发前却未有其他记录。

▼ 冒烟的锡纳朋火山

▲ 环形山之最 ——婆罗摩火山

为什么说婆罗摩火山是大火山套着小火山?

　　婆罗摩火山位于印度尼西亚。印度尼西亚享有"千岛之国"的美称,有4500多座火山,世界著名的十大活火山有三座在那里,其中以婆罗摩火山最为壮观。

　　婆罗摩火山高2393米,是当地腾格尔部族神圣之地,也是印尼最神秘、最有活力的一座火山。该火山是一个奇特的大火山套小火山的结构,其巨大的外火山是古腾格尔火山,大约生成在82万年前,多年来这里的地貌发生了几次重大变化,火山最高的时候曾达到4500米。古腾格尔火山塌陷之后,形成了一个直径16千米的巨大的外火山口,成为一道独特的景观。

峡谷、盆地、山川

37

腾冲火山为什么被誉为"天然火山地质博物馆"？

腾冲火山位于横断山系南段的高黎贡山西侧的腾冲县。腾冲地处欧亚大陆板块与印度大陆板块交汇处，地壳运动带来频繁地震，剧烈地震又引发火山爆发。火山爆发停止后，岩溶冷却，就形成了无头的山。据科学家称，腾冲火山最近喷发年代约为3800年前，现在是它的休眠期。

腾冲火山共有休眠火山97座，其中火山口保存较完整的火山就有23座，这些火山有截顶圆锥状火山、穹状火山和盾状火山等多种类型。由此使得腾冲火山成为规模宏大、分布集中、保存完整、类型齐全的火山，被誉为"天然火山地质博物馆"。

腾冲火山地热资源丰富，有温泉、汽泉、沸泉80多处，而在腾冲火山熔岩台地上，还有玄武岩溶洞及地下暗河，这种大棱柱状和节理状的玄武岩景观不仅具有很高的观赏价值，还具有特殊的科学考察价值。在腾冲火山地区，森林覆盖率达46.1%，高等植物达2500多种，鸟类300多种，兽类100多种，所以，腾冲火山也是"天然的花园"和"物种基因库"。

▼ 腾冲火山公园

▲ 日本富士山

为什么日本富士山又叫"钻石富士"？

富士山是座休眠火山，山体高耸入云，山巅白雪皑皑，放眼望去，就像一把悬空倒挂的扇子，所以也有"玉扇"之称。有趣的是，富士山在不同时期会受气候等因素的影响而呈现出不同的"表情"。比如，太阳从富士山顶升起或落下的瞬间，宛如闪闪发光的钻石，十分耀眼，因此，富士山又有了"钻石富士"的别称。

峡谷、盆地、山川

为什么阿尔卑斯山脉的北坡是迎风坡？

阿尔卑斯山脉是欧洲最大的山脉，同时也是个巨大的分水岭，欧洲许多大河如多瑙河、莱茵河、波河、罗讷河等均发源于阿尔卑斯山脉。欧洲的地形是受到冰川的侵蚀作用形成的，所以大部分是平原，而阿尔卑斯山脉是西南—东北走向，南部多为山脉，北部地势平坦。山脉会阻挡气流北行，而平坦的地势有利于气流的进入。所以，阿尔卑斯山脉的北坡是迎风坡，这是由欧洲地形决定的。

▼ 阿尔卑斯山是一道天然的屏障

▲ 远处的艾格峰威"峰"凛凛

为什么艾格峰北坡被称为"杀人坡"？

　　艾格峰是瑞士境内阿尔卑斯山脉群峰之一，海拔3970米，十分陡峭，尤其是北坡。艾格峰北坡平均坡度达到70°，垂直落差1800米，峭壁上连白雪都堆积不住。而且，这里气候不稳定，还经常有滚石滑落，使得多个企图征服它的生命在此丧生。所以，这里成为国际登山界公认的难关，被视为"欧洲第一险峰"，被称为"杀人坡"。

为什么说喀尔巴阡山是"天然的牧场"？

　　论平均海拔高度，喀尔巴阡山不过2000米左右，但雪山、草甸、针叶林、混交林与阔叶林却分布广泛，这与我国西部地区许多奇峰叠起却又干瘦贫瘠的大山相比完全不同。究其原因，主要是喀尔巴阡山的山势比较平缓，植被比较丰富，土层也十分肥厚。另外，最令人想不到的是它的天然草坡，像绿色的地毯顺着柔顺的山势起伏，为羊群、奶牛、杂色的马群提供了天然的牧场。在这里，我们看不到任何一寸裸露的泥土，看不到任何一处因人工砍伐树木或开垦耕地而造成水土流失的痕迹。就是因为这样，喀尔巴阡山成为"天然的牧场"。

▼ 牛羊成群的喀尔巴阡山

为什么说厄尔布鲁士山是火山喷发的产物?

厄尔布鲁士山位于俄罗斯西南部,属于高加索山系的大高加索山脉的博科沃伊支脉,是休眠火山。欧、亚两洲交界处的俄罗斯和格鲁吉亚边界的高加索地区,海拔 5642 米,是俄罗斯的最高点,也是欧洲的最高峰。

厄尔布鲁士山主要由安山岩构成,而其锥状外形表明它是地质史上火山长期连续喷发的产物,是"火山之子"。再加上它生来成一大一小、一高一矮的"双峰并峙"态势,远远望去,山体巍峨挺立,敦实中显现出一种无法形容的威严。在厄尔布鲁士山周围有大大小小 70 多条冰川,总面积达 140 平方千米。其中,以大阿扎乌冰川和小阿扎乌冰川、捷尔斯科尔冰川最为典型。冰川末端溢出的溶水,形成了周围一条条溪流。

为什么阿陀斯山只允许一部分人入山？

　　阿陀斯山位于希腊海岸的哈尔基季基州，海拔 1935.48 米。沿着山的一侧是阿陀斯山修道院的群体建筑，建筑均由高大的石墙、望塔和狭长的窗户筑成，十分坚固，甚至可以禁得住猛烈的空中轰炸。然而，阿陀斯山之所以出名却不是因为这个，而是因为它只准一部分人入山。这可以追溯到公元 1060 年严格实施的一条法律：禁止女性入山。这并不是随便说说，因为倘有女子偷偷进山被捉，一律会按照惯例进行惩罚，那就是 6～16 记鞭笞，然后立即驱逐。

▼ 阿陀斯山佩特拉修道院

▲ 圣米歇尔山

为什么圣米歇尔山有时候会消失？

　　圣米歇尔山位于法国芒什省一个小岛上，距海岸 2000 米。山体呈圆锥形，周长 900 米，海拔 88 米。这座山看起来很不起眼，但却十分神秘，因为它有时候能看见，有时候却消失了。这是为什么呢？原来，圣米歇尔山靠近圣马洛海湾，经常被大片沙岸包围，涨潮时才成为岛。

　　圣马洛海湾涨潮迅猛，最高潮与最低潮时海平面的落差高达 15 米。每到傍晚，当大西洋的潮水奔涌而来，山边的流沙被淹没，圣米歇尔山处顿时会变成一片汪洋。1000 多年来，大西洋海水潮起潮落，无数的沙被冲向海湾，使海岸线因此向西移动了约 5000 米，更靠近圣米歇尔山了，也就使人们看到了此山时隐时现的奇景。

峡谷、盆地、山川

▲ 维苏威火山山口

为什么说维苏威火山是庞贝古城的摧毁者？

维苏威火山是意大利西南部的一座活火山，也是欧洲大陆唯一的活火山。

地处欧亚板块、印度洋板块和非洲板块边缘的维苏威火山，在各版块的漂移和相互撞击挤压下于 2.5 万年前爆发形成。多少世纪以来，维苏威火山一直处于休眠中，曾一度沉寂为休眠火山，直到公元 79 年，维苏威火山猛然爆发，瞬间摧毁了当时拥有 2 万多人的庞贝城，而赫库兰尼姆、斯塔比亚等几个有名的海滨城市也遭到严重破坏。

从高空俯瞰维苏威火山的火山口是一个近乎圆形的形状，而这就是在公元 79 年那次喷发中形成的。维苏威火山海拔 1281 米，并不太高，走在火山渣上面脚底下会发出沙沙声。由于维苏威火山现在一直很活跃，所以后期形成的新火山上始终没有长出植被，看起来秃秃的，而早期喷发形成的位于新火山外围的苏玛山上已经长出了稀疏的树木。

为什么安第斯山是"南美洲的脊梁"?

安第斯山脉从北到南全长 8900 余千米，是世界上最长的山脉，纵贯南美大陆西部，所以素有"南美洲脊梁"之称。

山脉有许多海拔 6000 米以上、山顶终年积雪的高峰，其中阿空加瓜山海拔 6962 米左右，为西半球的最高峰。此外，安第斯山脉是早期地质活动地球板块运动的结果，曾历经多次褶皱、抬升以及断裂、岩浆侵入和火山活动，而且现在仍处在火山活动期，容易发生破坏性地震。

▼ 安第斯山麓

为什么雷尼尔山很神秘?

雷尼尔山位于美国华盛顿州西部，西雅图的南面，海拔4391米，是喀斯喀特山脉的大火山之一。雷尼尔山1500米以下的景色都隐没在雾海之中，只有较高的山峰探出，如海中浮岛。此外，山上终年积雪不化，有不少冒气的岩洞和温泉，邻近的印第安部落称其为"塔荷玛"，意思是"上帝之山"，这给雷尼尔山徒增了几分神秘色彩。在华盛顿州，雷尼尔山不仅是华盛顿州的地标，许多器物也以此山为图案。

▼ 雷尼尔山脚下

▲ 远望麦金利山白茫茫一片

麦金利山区域为什么特别寒冷?

　　麦金利山，位于美国阿拉斯加州境内，海拔6195米，是北美洲最高峰。此山形成于侏罗纪末期的内华达造山运动，为一巨大的背斜褶皱花岗岩断块山。由于靠近高纬度的北极圈，这里气候特别寒冷，冬季最冷时低于 −50℃ ，即使是在夏天，山上的温度也可能降至 −35℃ 。

　　麦金利山有2/3的山体终年积雪，山间经常笼罩在浓雾之中，雾气在皑皑白雪中缭绕弥漫时，几百米之外的景物便不可见。

　　麦金利山并不是很高，但其所在地的海拔却非常高，由此导致了空气极度稀薄，据说其峰顶的含氧量比珠穆朗玛峰还要低。而且，这里地势险峻，据估算，麦金利峰的攀登成功率仅为50%，已有一百余人死在了白雪皑皑的山上。

峡谷、盆地、山川

为什么说基拉韦厄火山是世界上最活跃的活火山？

　　基拉韦厄火山位于夏威夷岛。夏威夷岛位于太平洋构造板块中部的"活跃区"，由5座火山组成，其中基拉韦厄火山是世界上最年轻、也是最活跃的一座火山，几乎每天都有数十万立方米岩浆从岛上的火山口内喷出。

　　基拉韦厄火山海拔约1280米，它在海平面以下还有5486.4米，山顶上有一个巨大的破火山口，直径4027米，深130多米，其中包含着许多火山口，整个火山口好像一个大锅，大的套着小的，结构十分奇特。在基拉韦厄火山曾长期存在着一个世界最大的岩浆湖，在湖的边缘部分经常产生红色的橘皮，这些橘皮堆积起来就像一捆捆绳子，有时橘皮会破裂再次倾倒沉入岩浆中，惊心动魄，可称得上大自然中的奇观。

▼ 基拉韦厄火山

▲ 阿雷纳火山

阿雷纳火山为什么能成为中美洲著名奇观？

　　阿雷纳火山位于哥斯达黎加首都圣何塞西北大约 147 千米处，从附近方圆几千米的任一个地方都可以看到它的锥形火山口。在哥斯达黎加境内有 9 座活火山依然以无比的威力喷出沸腾的蒸气与岩浆，而阿雷纳火山是其中最著名、最活跃的火山。

　　现在，阿雷纳火山平静了很多，只是偶尔发生小规模喷发。当岩浆卷着被高温熔化的山石向坡下翻滚，就像诡异却又无比灿烂的"焰火"，通常能绵延几千米远，成为中美洲著名奇观之一。火山附近还有着数条热气腾腾的温泉河，一条条冒着热气的温泉河蜿蜒其中，人产几乎可以随时随地浸泡温泉。

峡谷、盆地、山川

▲ 伊拉苏火山风光

为什么说伊拉苏火山是一座间歇性火山？

　　伊拉苏火山位于哥斯达黎加中部，海拔 3432 米，是哥斯达黎加七座火山中最高的一个，也是中央山脉的最高峰。站在伊拉苏火山顶，可以看到太平洋和大西洋的景色。

　　伊拉苏火山是一座间歇性火山，主要由玄武岩和安山岩组成。据科学家研究，伊拉苏火山分别于 1841 年、1920 年、1963 年和 1978 年喷发过。火山口直径 1050 米，深 300 米，底部有一潭碧绿的积水。虽然伊拉苏火山会间歇性爆发，但是这里却是一派勃勃生机。比如，白色的盘山路缠绕着青翠的山冈，肥沃的火山灰孕育了茁壮成长的庄稼，清澈的小溪在山间穿行，挺拔的青松生长在险峻的岩石上，等等，别有一番景致。

帕伊内角峰为什么是一座粉色山峰？

　　帕伊内角峰位于智利南部，是南美安第斯山脉群峰之一。南美安第斯山脉是由花岗岩组成的火山链，上面覆盖着一层板岩。有些地方，大块的地下花岗岩因地寒风运动被抬升，突破地表以后呈石柱形，后经冰川侵蚀而变成了曲面，两侧面却相当陡峭，甚至是直立的。帕伊内角峰也不例外，它是两个带粉色的灰色花岗岩峰，每个山峰高约 2545 米，它们高高耸立在起伏的草原、长着红黄绿苔藓的沼泽以及平静的湖面上，犹如摩天大楼一般。

　　帕伊内角峰所在处天气十分恶劣，据说符合登山条件的时间每季只有几天。1974 年，一只南非登山队花了 6 周的时间才等上了其高度为 1220 米的中央高峰的东坡，由此可见帕伊内角峰对登山者来说是个很大的挑战。

▼ 帕伊内角峰

峡谷、盆地、山川

鲁文佐里山为什么有超大型动植物？

　　鲁文佐里山也叫"月亮山"，位于乌干达西南部与扎伊尔接壤处，是非洲赤道附近著名的山脉。在非洲当地语中，"鲁文佐里"是"造雨者"的意思，因为这里雨、雾甚多，一年中山峰有300天都笼罩在云中。

　　鲁文佐里山脉是非洲大陆很少有的永久冰雪覆盖的山脉之一，所以山上生长着大量动植物，尤其是超大型动植物。比如，鲁文佐里山的黑猪重约160公斤，站立高度为1米；蚯蚓可长达1米，与人的拇指一样粗。山上还长有许多雪松、樟树和罗汉松，高度可达49米，而竹子能长到9～12米，蓑衣草能长到1.8米。除了这些，山上还有象、黑犀牛、小羚羊等动物，另外还有野生大猩猩。

▼ 云雾缭绕的鲁文佐里山

▲ 文森峰

文森峰为什么被称为"死亡地带"？

　　文森峰位于西南极洲，文森峰海拔 4897 米，是南极大陆埃尔沃斯山脉的主峰，也是南极洲最高峰。

　　文森峰山势险峻，且大部分终年被冰雪覆盖，交通困难，夏季气温也在 - 40℃左右，被称为"死亡地带"。也许正因为如此，虽然文森峰在七大洲最高峰中不算高，但却是最后一座被登顶的山峰。

峡谷、盆地、山川

part

草原、荒漠

为什么说非洲大草原是野生动物的王国？

非洲大草原是世界上面积最大、发育最好、特征最典型的热带草原，我们在《动物世界》电视节目中所看到的动物，大多数都是生活在这片大草原上。

非洲大草原的动物种类繁多，它们为了适应草原干湿交替、草多树少的生态条件，动物们养成了许多有趣的生存习性，许多大型动物对于广阔草原景观的适应则表现在迅速的奔跑能力。如羚羊全速奔跑时速高达80千米，斑马时速40千米，长颈鹿时速40~50千米。

非洲大草原上还可经常见到不同种群组成的混合种群。例如，斑马、羚羊、长颈鹿群聚一起共同生活，集体防御。非洲大草原高草繁生，大树稀疏，因而大象、河马、犀牛等动物中地栖者比较占优势。而树栖动物很少，就连本该树栖生活的少数几种动物也放弃了树上生活，如鸵鸟，翅膀严重退化，已离不开地面。

▼ 非洲大草原

▲ 壮观的角马迁徙场景

为什么马赛马拉草原是野生动物的栖息地？

马赛马拉草原位于肯尼亚和坦桑尼亚的交界处，是世界上最好的野生动物保护区之一。这里是动物最集中的栖息地和最多色彩的荒原，牛羚、斑马、大象、狮子、秃鹰、狐狸、野猪等满山遍野。还有波涛汹涌的马拉河，它是尼罗鳄和河马的家园，也是野生哺乳动物的生命之河。在这里，每年都有世界上最壮观的野生动物大迁徙，即人们口口相传的"马拉河之渡"，是时，成千上万的角马聚集在南岸，拼死渡河，奔向水草丰茂的草原。

身处马赛马拉大草原，那高低起伏的草丛簇拥着一个个小山头，不经意间，或许就会发现一头高傲强壮的雄狮正趴在你的附近。那种惊险和刺激，是不言而喻的。

草原、荒漠

我国最美的大草原叫什么？

呼伦贝尔草原素有"北国碧玉"的盛名，它因呼伦和贝尔两大湖泊而得名。在蒙语中，呼伦意为"水獭"，贝尔意为"雄水獭"。呼伦贝尔草原地域广袤，风光旖旎，水草丰美。在呼伦贝尔草原上有 3000 多条纵横交错的河流，500 多个星罗棋布的湖泊，一直绵延至巍峨的大兴安岭。呼伦贝尔草原植被总面积可达 10 万平方千米，其中天然草场就占 80% 左右。在《中国国家地理》"选美中国"的活动中，呼伦贝尔草原当仁不让地高居"中国最美的六大草原"的榜首。

呼伦贝尔草原是我国目前保存最完好的草原，水草丰美，各类植物繁多。天然的放牧条件，使呼伦贝尔大草原成为了我国现存最丰美、无污染的优良牧场，并被称为"最纯净的草原"。

▼ 呼伦贝尔大草原

▲ 伊犁草原

新疆伊犁草原的"石人"是哪来的？

　　伊犁草原即那拉提草原，位于我国新疆维吾尔自治区新源县东部，那拉提意为"最先见到太阳的地方"。

　　伊犁草原从高至低依次分布着高寒草甸、山地草甸、山地草甸草原、山地草原、山地荒漠草原、平原荒漠、河谷草甸。与新疆其他草原一样，伊利草原也是与荒漠对峙，而且与雪峰对峙，有一种丰富而复杂的美。此外，伊利草原最吸引人的地方是那些伫立在草原上的石人。这些石人大都选用整块岩石雕凿而成，有的雕凿了全身像，头部、脸型、身躯都生动逼真；有的仅仅在一块长圆石上浅刻几条细线。千百年来，它们屹立在这片广阔的草原上，堪称是草原上的文物奇观。据研究，伊犁河谷曾经是显赫一时的突厥人长期活动的地方。突厥人有个习俗，就是本族人死后，在死者墓前要竖立死者石像，所以人们认为这些石人是古代突厥人的遗物。

草原、荒漠

锡林郭勒草原有什么美誉？

　　锡林郭勒是蒙古语，意为丘陵地带的河。锡林郭勒草原位于内蒙古自治区锡林浩特市境内。北与蒙古国接壤，国境线长1098千米；东邻内蒙古自治区赤峰市、通辽市、兴安盟；西接乌兰察布市；南与河北省承德、张家口毗邻。

　　锡林郭勒草原拥有美丽的自然风光、古朴的蒙古族风情以及独特的生产生活方式，有众多的文物古迹、悠久的历史文化和宜人的避暑气候，旅游开发潜力巨大。锡林郭勒草原植物种类十分丰富，为发展畜牧业提供了良好的生态环境。锡林郭勒盟拥有18万平方千米可利用草场，无污染的优质畜产品遍销全国各地，以及日本、

▼ 锡林郭勒草原

中东市场。锡林郭勒马、乌珠穆沁肥尾羊、草原红牛、苏尼特羊、乌珠穆沁白绒山羊、苏尼特驼和内蒙古细毛羊等一系列优良畜种，在国内和国际市场上享有极高声誉。

草原上已发现有种子植物74科、299属、658种，苔藓植物73种，大型真菌46种，其中药用植物426种，优良牧草116种。保护区内分布的野生动物反映了蒙古高原区系特点，哺乳动物有黄羊、狼、狐等33种，鸟类有76种。其中国家一级保护野生动物有丹顶鹤、白鹳、玉带海雕等，国家二级保护野生动物有大天鹅、草原雕、黄羊等。本区是目前我国最大的草原与草甸生态系统类型的自然保护区，在草原生物多样性的保护方面占有重要的位置和深远的国际影响力。所以锡林郭勒草原也被称为"国际生物圈保护区"。

草原、荒漠

为什么说潘帕斯草原是没有树木的大草原?

潘帕斯草原,又称阿根廷草原,位于南美洲南部,阿根廷中东部。"潘帕斯"源于印第安丘克亚语,意思是"没有树木的大草原"。

潘帕斯草原冬季温和,夏季温暖,比较适宜树木生长,但奇怪的是,这里除一望无际的草原、沿河两岸"走廊式"林木外,基本为无林草原。

经考察研究发现,潘帕斯草原之所以成为南美洲比较独特的一种植被类型,是因为草原西边的安第斯山脉阻挡了来自太平洋丰富的降雨,所以只有该草原的西边靠安第斯山脉一侧狭长地带才有"走廊式"林木,而东部大部分则只能长草。

▼ 潘帕斯草原

▲ 匈牙利草原

什么草原兼顾了三种气候类型？

匈牙利草原地处中欧内陆，属温和的大陆性气候，但它特殊的地理位置，又决定了它除具有欧亚大陆气候特征外，还因受地中海式气候及大西洋暖流的影响，为大陆性气候增添了温和潮湿。

匈牙利草原有10万平方千米，分布着十几处天然湖泊和沼泽，一派"天苍苍，野茫茫，风吹草低见牛羊"的情景。珍贵的匈牙利灰牛，濒临绝种的匈牙利水牛，只有在这里看得到，这里时常还有奔跑的马群。

匈牙利灰牛是一种古老的动物，是一种体形强壮，脾气安静，放牧简便，寿命长的动物品种，其牛角比较长，朝上弯曲。它很可能是公元9世纪的时候，与游牧的匈牙利祖先一起到了匈牙利大草原。目前，国家自然保护公园为了吸引游客而饲养灰牛。

草原、荒漠

吕讷堡石楠草原上的石楠花是谁种的？

吕讷堡石楠草原位于德国下萨克森。该草原地域广阔，德国的汉堡、汉诺威和布莱梅等主要城市都被其覆盖，甚至萨克森的北部地区都被视为是吕讷堡石楠草原的领域。其实，吕讷堡石楠草原本来是一个森林地带，后来因为当地人为开采盐矿而大量辟地，后来补种草籽和石楠花子，而成为草原。吕讷堡石楠草原的主要植被是石楠花，每到八九月间，紫色的石楠花就会绽放，延绵数十千米，像紫色地毯一样覆盖草原，简直就像德国的普罗旺斯。

▼ 吕讷堡草原中的古城

▲ 位于新西兰的大草原

为什么说坎特伯雷大草原是一片世外桃源？

　　新西兰的"蓝天、白云、绿草"吸引了无数人的眼球。进入新西兰，满眼的绿色，触手可及的朵朵白云，会让每一个人心旷神怡。

　　新西兰有许多著名的旅游景点，而坎特伯雷大草原就是其中之一。坎特伯雷大草原是新西兰最大的平原地，那里山脉起伏，无边无际，同一天空下，优美的隔离带，绿色的草原，成群的牛羊，俨然一片世外桃源。现在，地球的生态系统被破坏得越来越严重，但是，在坎特伯雷大草原上依然能找到天堂般的生活元素。

草原、荒漠

巴丹吉林沙漠为什么被称为"漠北江南"？

　　巴丹吉林沙漠位于内蒙古自治区的西部，是我国的四大沙漠之一，以奇峰、鸣沙、湖泊、神泉、寺庙闻名。巴丹吉林沙漠年降水量低于 40 毫米，但是沙漠中却有 100 多个湖泊。其中，常年有水的湖泊达 74 个，淡水湖 12 个，总水面 4.9 万亩。湖泊芦苇丛生，水鸟嬉戏，鱼翔浅底，于是人们就把这里称为"漠北江南"。

　　除了湖泊，巴丹吉林沙漠还有个奇特的地方，那就是沙漠里的沙子会叫。位于宝日陶勒盖的鸣沙山，山体高达 200 多米，峰峦陡峭，沙脊如刀，高低错落，沙子下滑的轰鸣声响彻数千米，有"世界鸣沙王国"的美誉。此外，沙漠东部和西南边沿，生动记录狩猎和畜牧生活的曼德拉山岩画，被称为"美术世界的活化石"。

▼ 巴丹吉林沙漠

▲ 楼兰古城遗址

楼兰古城怎么会消失？

罗布泊是繁荣的丝绸之路的咽喉要塞，孕育了昌盛的楼兰古国。现今，楼兰古城四周的墙垣多处已经坍塌，只剩下断断续续的墙垣孤零零地站立着。为什么楼兰古城会消失？这与罗布泊湖水北移有着密切关系。

在历史上，罗布泊湖水曾经发生过北移，使其移动的原因一方面是地壳变动，一方面是河床中堆积了大量的泥沙淤塞了河道，塔里木河和孔雀河另觅新道，形成新湖。而旧湖在炎热的气候中，逐渐蒸发，成为沙漠。水是楼兰城的万物之源，而罗布泊湖水的北移，使楼兰城水源枯竭，树木枯死，人们弃城出走，留下死城一座。在肆虐的沙漠风暴中，楼兰城终被沙丘湮没。

草原、荒漠

为什么说塔尔沙漠是由尘埃形成的?

塔尔沙漠也叫印度大沙漠，位于印度西北部和巴基斯坦东南部，面积为 30 万平方千米，是世界上最小的沙漠。

历史上，塔尔沙漠所在的位置不是沙漠。那么，塔尔沙漠是怎么形成的？经过研究，有人认为，尘埃是形成塔尔沙漠的主要原因。在塔尔沙漠上空的空气浑浊不堪，尘埃密度很大，白天可以遮住阳光，夜间也不见繁星。这些尘埃盘旋在上空，使得此地始终达不到降雨条件，最终形成了塔尔沙漠。此外，也有人认为，是因为山脉阻挡冬季东北季风所带来的水汽无法到达塔尔沙漠，才导致了沙漠的形成。目前，科学界对此尚无定论。

▼ 塔尔沙漠

▲ 阿拉伯沙漠

为什么阿拉伯沙漠可以经常看见"海市蜃楼"？

阿拉伯沙漠，位于阿拉伯半岛，面积达 233 万平方千米，是世界第二大沙漠。阿拉伯沙漠的沙盖以具有不同尺寸和复杂性的沙丘形式出现，或在低地表面形成薄薄一层地膜。这里的沙子大多不汇聚成平面，而是形成沙丘山岭或巨大的复合体。

在阿拉伯沙漠，白天沙石灼热，接近地层的空气升高极快，形成上冷下热的温度分布，使得下部空气密度远比上层密度小。这时，前方景物的光线会由密度大的空气向密度小的空气折射，远远望去，宛如水中倒影。沙漠中行走的人看到这景观，常会误以为已经达到清水湖畔，然而，一阵风沙过后，眼前依旧是一望无际的沙漠。这就是我们常说的"海市蜃楼"。

除了海市蜃楼，阿拉伯沙漠还有一种"碎石圈"十分奇妙，即一块大石头经过数百年热胀冷缩一次次碎裂后，在地上形成的一片圆形碎石圈。这种碎石圈很像人为排列的作品，实际上是自然形成的。

草原、荒漠

为什么说阿拉伯半岛沙漠导致了阿拉伯地区的气候干燥？

阿拉伯半岛三面环水，但仍然分布着许多沙漠。阿拉伯半岛地处北回归线附近，这里常年气压高，温度低，很难形成降水。不仅阿拉伯半岛如此，其他同纬度的地方，如中亚、北非、美国中西部等也都是如此，所以有"回归沙漠带"的说法（当然也有例外，那就是我国的长江中下游一带，被称为"回归沙漠地带的绿洲"）。除了受纬度气候影响，阿拉伯海沿岸还受到寒流控制，寒流有降温减湿作用，所以导致了阿拉伯地区气候干燥，沙漠成片。

▼ 穿过阿拉伯沙漠的商队

▲ 位于阿曼境内的鲁卜哈利沙漠

鲁卜哈利沙漠为什么会移动？

　　鲁卜哈利沙漠，意为"空旷的四分之一"。该沙漠大致呈东北—西南走向，长约 1200 千米，宽约 640 千米，面积约达 65 万平方千米，约占整个阿拉伯半岛面积的四分之一，因而得名。沙漠多呈红色，因为沙子中含有大量氧化铁。整个沙漠酷热无比，白天最高温度可达 80℃，且很少有降雨，许多地区好几年才下一次雨。

　　鲁卜哈利沙漠是世界上最大的流动沙漠，其沙丘的移动主要是因季风引起，并且由于风向和主流风的差异而形成三个类型区：东北部新月形沙丘区、东缘和南缘星状沙丘区、整个西半部线形沙丘区。

草原、荒漠

73

克孜勒库姆沙漠为什么是红色的？

　　克孜勒库姆沙漠，意为"红沙漠"。沙漠位于中亚阿姆河与锡尔河之间的河间地，总面积约为 29.8 万平方千米，是世界第十一大沙漠。

　　克孜勒库姆沙漠的主要构成为崩裂的岩屑和沉积红壤的残余物质，所以沙漠呈现红色。沙漠中沙垄较多，一般高度 3～30 米，最高可达 75 米，有许多小绿洲。由于地处内陆，属于温带大陆性气候，夏季炎热，只生长沙漠植物。不过，这里却藏有丰富的金、银、铜、铝、铀以及石油和天然气。

▼ 红色沙漠

与现在的大角羊一样，巴德兰兹大角羊也拥有一对大大的羊角

为什么说巴德兰兹是一块劣地？

如果说地球上还有比沙漠更加荒凉的地方，那就是非劣地莫属了。劣地中最著名的地方就是跨过美国南达科他州西南，内布拉斯加州西北，延及加拿大阿尔伯达省西部边缘的一部分地区，也就是巴德兰兹。大约在 7500 万年前，这一地区的大部分都位于海洋之下。1000 万年前，受挤压的大陆板块把这一地区抬升，从此海洋消失。在随后的数百万年中，气候逐渐变得潮湿温暖，这一地区的亚热带森林也生长旺盛。冰川时期到来后，气候逐渐变得干燥寒冷，森林变成了热带草原，后又变成草地。经过漫长的时间，这一地区的岩层不断遭到雨水的侵蚀，变得层叠和起伏不平。悬崖、尖峰和起伏不平的地表，荒凉之地被曲折的沟壑分割得四分五裂。在巴德兰兹，夏天酷热难当，偶有倾盆大雨，冬季则寒冷彻骨。这是印第安人苏族部落生活的区域，他们在这片土地上以捕食野牛为生，而主要方法就是把野牛群驱赶下悬崖摔死，巴德兰兹劣地的地形非常适合这种大规模的捕猎方法。在某些悬崖底部，直到现在我们仍能看见野牛的尸骨。

草原、荒漠

地球上最潮湿的沙漠在哪里？

　　索诺拉沙漠是世界上生物品种最多的沙漠，是世界上最完整、最大的旱地生态系统之一。沙漠位于美国和墨西哥交界处，沙漠里生活着 60 种哺乳动物，350 种鸟，20 种两栖类物种，100 种以上爬行动物，30 种当地鱼类，并有超过 2000 种当地的植物。和一般沙漠降雨量很小不同，索诺拉沙漠被认为是世界上最潮湿的沙漠，一年降雨量最多的地方可达到 300 毫米以上，很多植物在这里生长茂盛。其中，最具有象征性的植物就是北美洲巨人柱仙人掌。这种由巨人柱仙人掌构成的丛林，就像是一座座蓄水池，形成了独特的生态环境，滋养着丰沛的生命。除了仙人掌之外，还有许多小乔木也代表了这片沙漠的特色，如小叶扁轴木、蓝花扁轴木、格吉栲、铁木和腺牧豆树。尽管索诺拉地区冬天少见冰霜，每年的两个雨季又相隔半年之久，却拥有如此多样化的动植物，相比起别的沙漠，它就像南边墨西哥的亚热带荆棘灌丛，只是比较干燥一点而已。

▼ 为了适应环境，仙人掌类植物在漫长的演化过程中逐渐具备了应对恶劣环境的能力

▲ 蒙上神秘面纱的奇瓦瓦沙漠

为什么奇瓦瓦沙漠中存在沙漠沼泽？

奇瓦瓦沙漠，是墨西哥面积最大的一个沙漠。沙漠中拥有神秘的水晶洞，还有世间稀少的美酒、珍贵的仙人掌。此外，还有一片世界罕见的内陆沙漠沼泽。

沙漠沼泽位于墨西哥齐瓦瓦沙漠的夸特罗—塞内格斯山谷，地下泉水在这里涌出地面，形成许多大大小小的绿洲。在沼泽中，还分布着很多泉水湖，湖里养育了上百种鱼类、贝类及爬行类动物。与其他地区的沙漠物种一样，这里的鱼也极具地方特色。

除了沼泽，奇瓦瓦沙漠中还有一种非常甘美的酒，名叫洒脱。洒脱酒是用沙漠中的植物酿制而成，该植物要历经15年的严寒酷暑，才能成熟，因此成为当地的独特风味。此外，奇瓦瓦沙漠还生长着1500多种仙人掌，是世界上仙人掌种类最多的地区。因此，一些收藏者会花费巨资来购买，成为奇瓦瓦沙漠中的另一特色。

草原、荒漠

巴塔哥尼亚沙漠是怎么形成的?

　　巴塔哥尼亚一般是指南美洲安第斯山以东,科罗拉多河以南的地区,主要位于阿根廷境内,小部分属于智利。该地区的地形主要以高原和窄小的海岸平原为主。各河流发源于安第斯山,向东流入大西洋。因当地雨量很少,河流大多为间歇河。另外,巴塔哥尼亚受福克兰寒流的影响,气候寒冷干燥,年降雨量为 90 ～ 450 毫米,且越往南部雨量越少,于是大多地区形成沙漠,即为巴塔哥尼亚沙漠。

▼ 巴塔哥尼亚沙漠

地球上最干旱的地方在哪里？

　　说到干旱，很多人都会想到撒哈拉大沙漠，其实位于智利的阿塔卡玛沙漠中心，才是地球上最干旱的地方。阿塔卡玛沙漠被气候学家们称为"绝对沙漠"，因为这里自 16 世纪末以来，只在 1971 年下过一次雨，其沙漠北端的阿里卡甚至从未有下雨的记录。后来，经过科学家们的研究发现，造成沙漠干旱的一个重要原因是位于东面的安第斯山脉就像一道屏障，挡住了来自亚马孙河流域可能形成雨云的湿空气。阿塔卡玛沙漠长年无雨，持续干旱，使得沙漠里看不见任何植物的生长痕迹，甚至连细菌都无法生存。

草原、荒漠

为什么说澳大利亚沙漠是一座"沙漠花园"？

　　澳大利亚沙漠位于澳大利亚的西南部，这里雨水稀少，异常干旱，夏季最高温度可达50℃。在沙漠里，因为没有高大树木的遮挡，狂风终日肆虐咆哮，俨然就是一片死亡之地。

　　但是，令人想不到的是，在澳大利亚沙漠里却存活着大约3600多种植物。这些植物对水和养料的需求极少，大概是别处植物的十分之一。而且，这些植物的叶子并不是绿色，而是呈现各种鲜艳的颜色。更为奇特的是，这里的花朵竟然能分泌超乎想象的大量蜂蜜。因此，发现者将这里称为神秘的"沙漠花园"。

▼ 澳大利亚沙漠中著名的艾尔斯岩

▲ 正在晒日光浴的鳄鱼

为什么澳大利亚金伯利被称为"蛮荒之地"？

在金伯利处处可见壮阔的景象：茫茫的草原，巍巍的山脉，灌木丛生的广大沙漠，干枯的河床以及满布峡谷的红砂岩峭壁。松动的岩石，稍稍触动，就会滑下万丈深渊。部分金伯利岩石年龄超过 10 亿年，堪称世上存在最久的石头。峭壁上酷热难耐，但至少还有微风吹拂；如果下到谷底简直就像烤箱，那里是一片片炙热的旷野，就好像走出火炉又掉进火堆里面一样。进入金伯利谷底的人如果没有足够的水源，不超过 3 个小时就会死亡。因此，在这里，水绝对是比任何东西都重要的。此外，山下的温度极高，虽有苍翠的绿树，但湿度高达 100%，让人仿佛置身于摄氏六七十度的高温中。高湿度环境会导致汗水无法蒸发，降低体温；因为空气中的水分已经饱和，这种情况更容易让人中暑。炙热温度和饱和湿度是探险者面临的第一大敌人，所以找到水源或者河流对探险者来说就显得至关重要。走出炎热的旷野，发现河流是一件让人兴奋的事情。沿河而下，河面变得开阔，愈接近海洋，愈有可能遇见鳄鱼。河边往往是淡水鳄进行日光浴的地方，入海口则有更加凶残的咸水鳄。咸水鳄能把人整个吞下，不留一点骨头。所以，金伯利绝对是一个充满挑战的地方。

草原、荒漠

part 3

江河、湖泊

为什么说亚马孙河为世界第一大河？

　　亚马孙河是世界上最长的河流，而且流量也是居世界众河之首。那么，亚马孙河为什么能发育成世界第一大河呢？究其根源，这是由亚马孙河流域独特的地形和气候条件决定的。1.亚马孙河位于南美大陆中北部，充沛的降水是亚马孙河流的重要源泉。2.亚马孙河流经的亚马孙平原，是世界上最大的冲积平原，这里地势低平，周围高原地面都向平原倾斜，因而地表径流很容易流向平原汇集。而且平原内宽口窄，就像一个大葫芦，更提高了这种蓄水能力。3.亚马孙河西部为安第斯山脉，每年都有大量冰雪融水流入亚马孙河，为亚马孙河水流量增加了补给。除此以外，亚马孙河具有非常密集的河网，1500千米以上的大支流就有17条，而支流总数竟达到500多条。所以，亚马孙河被誉为世界第一大河是当之无愧的。

▼ 亚马孙河

▲ 夕阳下的密西西比河

为什么密西西比河被誉为"河流之父"？

  密西西比河是美国第一大河。单从名字来讲，"密西"意为"大"，"西比"意为河，"密西西比"即"大河"或"河流之父"的意思。实质上，发源于美国西部偏北的落基山北段的群山峻岭之中的密西西比河，由北向南纵贯美国大平原，注入墨西哥湾。密西西比河用滔滔河水像乳汁一样抚育了整个流域的人民，再加上它的源远流长，人们便把它誉为"河流之父"。

江河、湖泊

为什么圣劳伦斯河没有三角洲？

　　圣劳伦斯河是北美洲东部的大河，该河含沙量低，沉积作用小，因为泥沙大多被洋流带走了。此外，在圣劳伦斯河的上游，是苏必利尔湖、密歇根湖、休伦湖、伊利湖和安大略湖，五大湖形成了天然缓冲区，使得整个下游流速缓慢且均匀，不能形成快速沉积区。而下游地区是高原山地地形，且海口部分河道十分宽阔，不易形成三角洲。世界上，除了圣劳伦斯河，亚马孙河、钱塘江等河流也是这样的。

▼ 圣劳伦斯湾

▲ 巴拿马运河风光

为什么巴拿马运河南北存在水位差？

连接大西洋和太平洋的巴拿马运河上建有船闸，这是因为巴拿马运河的太平洋一侧比大西洋一侧的水位要高出大约50厘米。如果没有这个闸门，水流太快，船只在运河中航行就容易发生危险。理论上说，地球上所有海洋都是互通的，水平面应是相同的，但是巴拿马运河为什么会出现水位差呢？经研究发现，形成这种水位差的原因主要有两个：1.在巴拿马运河的太平洋一侧，雨量十分充沛，所以盐分浓度低于大西洋一侧，海水密度变小。2.巴拿马运河太平洋一侧经常刮南风，这种风向对升高水位也起到了推波助澜的作用。与此同时，在大西洋一侧，由于圭亚那海流是向西流动，因这股海流产生的水位倾斜，使得巴拿马运河大西洋一侧沿岸水域的水位降低，而离岸较远的近海海域的水位升高。所以，巴拿马运河南北出现了水位差。

江河、湖泊

为什么说巴拉圭河是巴拉圭最重要的地理现象？

巴拉圭河位于南美洲中南部，发源于巴西马托格罗索高原帕雷西斯山东麓，在阿根廷的科连特斯附近注入巴拉那河，是巴拉那河的重要支流。

巴拉圭河全长 2550 千米，流域面积达 110 万平方千米。河流上游流经山地峡谷，形成一系列急流瀑布。中游流经沼泽平原，右岸有面积达 40 万平方千米的大沼泽，是调节水量的天然水库。下游为巴拉圭东部湿润平原和西部大查科冲积平原的分界线。

巴拉圭河把巴拉圭分为了两个非常不同的部分：西部的大查科地区人烟稀少，半干旱；东部则是森林地区，巴拉圭 98% 的居民都住在那里。因此说，巴拉圭河是巴拉圭最重要的一个地理现象。

▼ 巴拉圭河

▲ 长江水域

为什么长江被称为"黄金水道"？

　　长江被称为"黄金水道"，是因为长江在航运领域具有诸多的优势：1. 长江江阔水深，全年不结冰，水量大且稳定。2. 长江里程长，干流横贯东西，由内陆直通海洋。3. 长江支流众多，可以沟通南北，由水道与黄河、淮河、珠江等水域相连。4. 长江流域土地肥沃，流经之地都是我国发达的经济区域，我国有 3 亿多人口都生活在那里。正是因为如此，长江成了我国南方的交通大动脉，得到了"黄金水道"的赞誉。

江河、湖泊

89

为什么雅鲁藏布江有个马蹄形大拐弯？

　　雅鲁藏布江为什么要拐弯？这是因为，喜马拉雅山地区有东西向和南北向两组断裂，彼此交叉。雅鲁藏布江是在喜马拉雅山隆起的初期调转流向，沿山脉北侧东西向大断裂东流，当遇到南北向大断裂造成的山脉缺口时便改变流向，沿断裂缺口顺势南流。以后，由于雅鲁藏布江的下切速度始终能抵挡山脉缺口的抬升速度，所以保持了流向。就这样，雅鲁藏布江形成了一个马蹄形大拐弯，一路狂泻，同时也造就了举世无双的大峡谷。

▼ 雅鲁藏布江大拐弯

▲ 黄河

为什么黄河水是黄色的？

　　黄河的上游是著名的黄土高原。黄土高原的典型特征就是有深厚的黄土层，且土质疏松，缺少植被。当黄土高原发生降雨，雨水便裹着大量黄土顺流而下，这就是黄河的源头。黄河进入中游后，它的水源还是来自降水，但由于中游地区的植被相对较好，所以黄河中游的水也会相对清澈一些，但总体上还是黄色的。所以，黄河是因为含沙量大而显浑浊，看起来像是黄色的。

江河、湖泊

为什么说黄河是"悬河"?

　　含沙量很大的河流在河谷开阔、比较平缓的河段，泥沙大量堆积，河床不断抬高，水位相应上升，天长日久，河床高出两岸地面，成为悬河。所以，悬河的必备条件是泥沙量大。我们知道，黄河向来以多泥沙著称，当河水携带着大量泥沙进入下游冲积平原以后，沿途发生严重淤积，便形成了"悬河"。现在黄河下游河床，一般比堤外地面高出 3 ~ 5 米，有的地方甚至高出 10 米。当悬河程度较高，全河向决口奔流，会形成新河，这一现象在黄河上称为改道。改道的目的是黄河本身为了从不稳定的悬河状态中摆脱出来，恢复到暂时较稳定的状态。通过改道，黄河将其所携带的大量泥沙较均匀地分布在黄淮平原上，完成了它"移山填海造神州"的历史任务。

▼ 黄河湿地

▲ 青海湖风景区

为什么倒淌河"倒流"？

　　在我国青海湖畔，有一条奇怪的河，它的水不是流向河口，而是流向源头，人们称它为"倒淌河"。倒淌河为什么会"倒流"呢？

　　远在几百万年前，青海湖一带是一片坦荡无际的平原。平原上有一条古黄河支流——古布哈河，河水自西向东，流过今天的倒淌河谷地，然后注入古黄河。然而，在距今13万年前，这里发生了强烈的地壳升降运动，青海湖区断裂下陷，完整的古布哈河断裂为3段。从此，河流的西段和东段仍保持原来流向。中断因地势隆起，变得东高西低，致使西来河水切段，而中断河流汇聚了诸多细流，占用旧河道，向西流向青海湖。

江河、湖泊

为什么恒河被称为"圣河"？

　　从长度来看，恒河算不上世界大河，但她却是古今中外闻名的世界名河。在虔诚的印度教徒眼里，恒河是一条"圣河"，几乎每一位教徒都喜欢在恒河里沐浴。由于沐浴的人过多，恒河水被严重污染，可人们依旧饮用，却很少有人会中毒或生病。而且，把恒河淡水贮存在远洋邮轮上，历经万里还能保鲜。此外，有科学家把恒河水注入含有痢疾和霍乱菌的培养液中，数日后，细菌竟会全部悄然死去。这是为什么呢？经探究，当恒河湍急的水流与空气充分接触，会产生大量的氧，从而使疟原虫等厌氧的治病微生物难以存活。而且，恒河中含有放射性矿化物——铀-238，其衰变产生的铋-214几乎能杀灭河水中 99% 的细菌。再者，恒河中还含有一般河道所没有的噬菌体和重金属化合物。在这三者的共同作用下，恒河便有了一种独特的自洁能力。所以，把恒河称作"圣河"也很准确。

▼ 恒河河畔的建筑

▲ 底格里斯河

为什么说底格里斯河是西亚水量最大的河流？

　　底格里斯河位于幼发拉底河的东面，是中东名河，也是西亚水量最大的河流。

　　底格里斯河源自土耳其安纳托利亚高原东南部的东托罗斯山南麓，向东南流，流经伊拉克，最后与幼发拉底河合流成为阿拉伯河注入波斯湾。河长1950千米，流域面积37.5万平方千米，年径流量近400亿立方米。伊拉克首都巴格达正位于底格里斯河西岸。

　　河流主要靠高山融雪和春雨补给，因沿途支流流程短、汇水快，常使洪水泛滥，形成沿岸广阔的冲积平原。作为古老文明的发祥地，底格里斯河为两岸的农业做出了贡献，孕育了无数生灵。

江河、湖泊

哪条河被称为埃及的母亲河?

尼罗河发源于赤道以南、非洲东部高原之上,它弯弯曲曲,浩浩荡荡,由南向北奔腾而去。它贯穿非洲东北部,流域面积相当于整个非洲大陆面积的 1/10。

尼罗河有两个源头,一个发源于 2621 米的热带中非山区,叫做白尼罗河。白尼罗河流经维多利亚湖、基奥加湖等庞大的湖区,穿过乌干达的丛林,经苏丹北上。尼罗河的另一个源头在海拔 2000 米的埃塞俄比亚高地,叫青尼罗河。青尼罗河全长 680 千米,它穿过塔纳湖,然后急速而下,形成一泻千里的水流,成为非洲著名的第二大瀑布——梯斯塞特瀑布。当青尼罗河冲入苏丹平原后与平静的白尼罗河相会,最终形成的河流才是大家所熟悉的尼罗河。

埃及能够有非常悠久的历史,其保障之一就是尼罗河的富饶。尼罗河畔的贸易也是在很早就产生的,这些贸易的往来很好地保障了埃及与其周边国家的外交关系和埃及本身的经济稳定,这一大功不得不归于尼罗河。

▼ 尼罗河风光

为什么说苏伊士运河是"黄金水道"？

　　苏伊士运河连接地中海和红海，是欧洲到印度洋和西太平洋附近土地的最近航线。与其他水域相比，苏伊士运河事故发生率为零，可昼夜通航。多年来，苏伊士运河承担着全世界 14% 的海运贸易，而亚欧之间一般货物海运，80% 都经过苏伊士运河。

　　可以说，苏伊士运河是世界上使用最频繁的航线之一，它是亚洲与非洲人民来往的主要通道。

江河、湖泊

97

为什么赞比西河水量大？

　　赞比西河是南部非洲的最大河流，也是非洲大陆流入印度洋的第一大河。赞比西河的水量之所以大，是因为赞比西河流域受到东南信风影响，从印度洋带来的大量水汽形成降水，为河流提供了一部分补给。而且，位于南非高原上的赞比西河谷地势低，水汽受周围高地阻挡，很容易形成降水，并很容易聚到一起。所以，与非洲其他一些既无降水、蒸发量又大的河流相比，赞比西河的水量是比较大的。不过，赞比西河有明显的洪水期和枯水期。一般水流最大时是在 3 月或 4 月，到了 10 月或 11 月，流量很小，甚至不到洪水期的 10%。

▼ 美丽的赞比西河

▲ 伏尔加河

欧洲最大的河流是哪个?

　　伏尔加河是欧洲最大河流,伏尔加河的源头在俄罗斯西北部的瓦尔代丘陵。起初的伏尔加河还只是一条在森林中穿梭的小溪,当它蜿蜒曲折地向南流过平原地带的时候,却神奇般地融汇了7000多条支流,最终变成了一条流域面积达到136万平方千米,全长3530千米的世界大河。这是一种传奇,更是一种力量。

　　它在欧洲发挥着无可替代的作用。长期以来,它滋润着沿岸数百万公顷肥沃的土地,养育着约7000万俄罗斯的各族儿女。人们用最美好的诗词来赞美她,尊称为"母亲河"。

　　伏尔加河也形成了巨大的三角洲,在三角洲上聚集有俄罗斯著名的渔业基地、著名的港口阿斯特拉汉。阿斯特拉汉是一个鸟类聚集的地方,那里有世界上重要的鸟类研究中心。据说那里生活着上百种珍稀水鸟,如白天鹅、黑天鹅等。自然优美的景色,使得它也成了一个著名的旅游度假胜地。

江河、湖泊

为什么说塞纳河是"巴黎的灵魂"？

　　塞纳河位于法国北部，是法国的一条重要河流。河流源于郎格勒高原，流经巴黎盆地，在勒阿弗尔附近注入英吉利海峡，全长766千米，流域面积为7.86万平方千米。

　　塞纳河主要靠雨水补给，它就像一条玉带静静地流过巴黎市区，非常美丽壮观。在河上建有36座桥，桥与河珠联璧合，相得益彰。河的沿岸为法国经济发达区，有运河与莱茵河、卢瓦尔河等河相通。在历史上，塞纳河对巴黎的形成、发展，以及水运、工业、生活乃至景色都起着特殊的作用，所以有人将它称之为"巴黎的灵魂"。

▼ 塞纳河畔

▲ 泰晤士河

为什么泰晤士河被称为英国的"母亲河"?

　　泰晤士河发源于英格兰西南部的科茨沃尔德希尔斯,横贯英国首都伦敦与沿河的 10 多座城市,在伦敦下游河面变宽,形成一个宽度为 29 千米的河口,注入北海。比起地球上的大江大河,泰晤士河并不算长,但是以前英国的发达地区都在这条河周边,可以说,整个英国的历史都是在泰晤士河的见证下发生的。它的存在就像我国的黄河,黄河流域是中华文明的发源地和最重要地区,而泰晤士河是一部流动的英国史。

江河、湖泊

多瑙河到底是什么颜色的？

多瑙河是什么颜色的？可能绝大多数人都会说是蓝色的，因为著名音乐家约翰·施特劳斯创作了一首著名的圆舞曲，就叫做《蓝色多瑙河》。其实，多瑙河并不是蓝色的，而是呈现多种颜色。一年中，多瑙河有109天是宝石绿色，55天是浊黄色，49天是鲜绿色，47天是草绿色，38天是浊绿色，37天是深绿色，24天是铁青色，还有6天是棕色的。为什么多瑙河会有这么多种颜色？这要追溯到多瑙河形成之初。

当时，欧洲大陆上布满了星罗棋布的盆地，盆地里的河流经过长年累月的侵蚀切割，连接成了单一的水系。所以，多瑙河各部分水量分布极不均匀，有的河段干涸无水，有的河段水深超过50米，有时河流还会通过深深的地表裂缝流入地下，然后又从下游的另一个地方流出。这样河水中混杂着大量的地下物质并发生复杂的化学变化。水深的差异以及酸碱度的不均匀，再加上一定的大气和光线折射条件的影响，多瑙河就出现了多种不同的颜色。

▼ 多瑙河流经喀尔巴阡山

▲ 平静的贝加尔湖水很难让人联想到凶猛的海洋动物

为什么贝加尔湖中有海洋动物？

　　贝加尔湖很大，但最令人称奇的是湖中生活着大量的海洋动物，比如海豹、鲨鱼、龙虾和海螺等。这是为什么呢？

　　贝加尔湖以前是"北方的海洋"，后来由于地壳运动，周围高山隆起，变成了湖泊。这期间，大多数海洋动物都灭绝了，但那些生存能力特强的动物，慢慢适应了淡水环境，成为世界上特有的淡水动物。

江河、湖泊

世界上最低的湖叫什么？

死海原本是地中海的一部分，后来因地壳变化而与地中海分开。由于东西两岸被悬崖绝壁包围，始终没有与大海相通，因而形成了一个内陆湖泊。

死海海水看起来很美，水面平静如镜，沉寂无声，没有一丝波纹，似乎连风也吹不起浪花来。死海两边的山岩清清楚楚地倒映在水中，给海水映上了一抹红色，仿佛死海海水是红的。其实，死海海水碧绿清莹、黏稠如油，深水处绿色浓些，浅水处绿色淡些，浓淡相间，非常好看。由于这一地区气候酷热（年平均气温为25℃），水蒸发量极大（夏天每小时平均蒸发2.5厘米的水），所以死海水面上总弥漫着一层柔柔的水雾，如同阿拉伯少女蒙在脸上的轻纱。湖水在蒸发，而湖水所带来的盐分却始终留在死海中，经过千年万年，越积越多，使死海成了一个天然的大盐库。

▼ 死海岸边的盐

▲ 里海风光

世界最大的内陆湖叫什么？

　　里海位于欧亚两洲交界处，是世界最大的咸水湖。它原本和黑海及地中海一同为古地中海的一部分，但随着地壳运动使得高加索山和厄尔布鲁士峰隆起，里海被分割而独立成为内陆湖泊。既然被分割成了一个地地道道的内陆湖，那为什么还是被称为"海"呢？从自然特点来看，里海水域辽阔，一望无际，经常出现狂风恶浪，犹如大海翻滚的波涛。同时，里海的水是咸的，生长着许多水生动植物，和海洋生物类似。里海是古地中海残存的一部分，地理学家称之为"海迹湖"。因此，人们就把这个世界上最大的湖称为"里海"了。其实，它并不是真正的海。

　　里海的湖面面积为 36.8 万平方千米，水深为 180 米。 西、北、东三岸分属阿塞拜疆、俄罗斯、哈萨克斯坦、土库曼斯坦，南岸属伊朗。里海周围有伏尔加河、乌拉尔河、库拉河、捷列克河等 130 多条河流注入。里海的南面和西南面被厄尔布尔士山脉和高加索山脉所环抱，其他几面是低平的平原和低地。里海南北狭长，形状就像一个"S"型形。里海的平均咸度为 1.2‰，为海洋的三分之一。

江河、湖泊

我国最大的咸水湖叫什么？

青海湖古称西海、鲜水、鲜禾羌海和错温波。湖水清澈碧蓝，湖面广袤如海，所以被称为青海湖。蒙语译称库库诺尔，意为青色的海；藏语译称错鄂博，意即西海。青海省也因湖而得名。青海湖四周被四座高山所环拥：北面是高大壮丽的大通山，东面是巍峨雄伟的日月山，南面是逶迤的青海南山，西面是峥嵘嵯峨的橡皮山。举目环顾，四座高山犹如四幅天然屏障。从山下到湖畔则是苍茫无际的千里草原，碧波连天的青海湖就像一个巨大的翡翠玉盘镶嵌在高山、草原之间，构成了浓墨重彩的西部风景画。青海湖是我国最大的咸水湖，也是我国最大的湖泊。

在号称"世界屋脊"的高原上，是如何形成这样一个大湖的？其实，青海湖的形成和变迁，都是大自然的杰作。早在2.3亿万年以前，青藏高原还是一片浩瀚无边的古海洋。那时候，海水汹涌澎湃，跟现在的太平洋、地中海是连在一起的。200万年前，剧烈的造山运动使得这片古海逐渐隆起，一跃形成了世界屋脊。海水被逼走，有的被四周的高山环绕起来，形成了大大小小的湖泊。青海湖就是被山脉堵塞而成的一个巨大湖泊，同时，湖水又从东面注入黄河，流进东面的海洋。后来又经过演化，青海湖由一个外流湖变成了"闭塞湖"。

◀ 青海湖风光

▲ 鄱阳湖湿地

我国第一大淡水湖叫什么？

　　我国第一大淡水湖是鄱阳湖。鄱阳湖位于长江中下游的南岸，江西省的北部，古名彭蠡，亦称鼓泽或彭湖。在枯水期，湖的面积500平方千米；平水期湖的面积约为3960平方千米；最大洪水时，达5000多平方千米。鄱阳湖承纳了赣江、抚河、信江、修水、饶河等五大河和若干支流，北往长江汇入大海。一条条晶莹绵长的河流与星罗棋布的湖泊塘堰，构成了独具风姿的形态。

　　那么，鄱阳湖是如何形成的？大约在距今200万年前的时候，继喜马拉雅运动以后，地球又发生了一次剧烈的新构造运动，导致我国东部地区普遍发生地壳下沉。当时江西北部的九江一带地壳也在陷落，形成了一个巨大凹地，凹地逐渐蓄水，便形成了范围与今日鄱阳湖平原几乎相当的大海——彭蠡泽。后来由于气候变化，在大冰期时，彭蠡泽面积一度缩小，逐渐演变成了今天的鄱阳湖。

江河、湖泊

▼ 纳木措湖面呈天蓝色，水天相接，风景独特

纳木措湖是怎么形成的？

　　"纳木措"意为天湖，大约形成于距今 200 万年以前。那时，地壳发生了一次强烈的运动，在地壳构造运动的基础上，加上冰川活动的影响，纳木措湖就形成了。早期的纳木措湖非常辽阔，湖面海拔比现在低得多，而且由于气候温暖湿润，湖水盈盈，就像大海一样。然而，后来地壳不断隆起，纳木措也跟着不断上升，在高原干燥气候影响下，湖水来源减少，湖面大大缩小，就形成了现在的纳木措湖。纳木措湖水靠念青唐古拉山的冰雪融化后补给，湖水不能外流，味苦咸，不能饮用，是我国仅次于青海湖的第二大咸水湖。

▲ 班公湖美景

班公湖为什么十分奇特？

　　班公湖，又称错木昂拉红波，藏语意为"长脖子天鹅"，有世界上海拔最高的鸟岛，岛上约有各种鸟类 20 多种，数量最多时可达数万只。然而，班公湖最奇特的地方不在这里，而在于它是一个由东向西水中含盐量不同的湖泊，即班公湖东部（在我国境内的湖泊）为淡水湖，中部为半咸水湖，西部为咸水湖。另外有意思的是，班公湖湖水十分清澈，能见度通常是 3 ~ 5 米，在光照、深浅、亮度等影响下，湖水还会呈现出墨绿、淡绿和深蓝等不同的颜色。

江河、湖泊

109

▼ 滇池红嘴鸥

为什么云南滇池会成为红嘴鸥的聚集地？

　　本来，红嘴鸥过冬的地方一般选择在洞庭湖、巢湖等地，但是由于环境的污染，湿地面积缩小，红嘴鸥在那里很难找到食物，也没有栖息之地。为了生存，它们只得寻找新的过冬场所。滇池地处云南，是云南省最大的淡水湖，那里气候温和，水源充沛，素有"高原明珠"之称，于是，便最终成为红嘴鸥纷纷聚集过冬的最佳场所。

▲ 洪泽湖畔的船坞

洪泽湖为什么会变成"悬湖"？

　　洪泽湖之所以成为"悬湖"，是古黄河侵占淮河入海通道所致。早在 800 多年前，淮河还是一条独流入海的大河，后来黄河在南宋建炎二年决堤南侵，夺了淮河水道。汹涌的黄河水带来大量泥沙沉积于淮河，使淮河逐渐水流不畅。几十年后，黄河再次夺淮河下游河道入海，使淮河水流更加受阻，泥沙含量越来越高。于是，淮河上中游流下来的水，就形成了水面宽大的洪泽湖。当洪泽湖形成后，淮河水在这里慢下来，因此大量泥沙沉于湖底，使湖底日益升高，后来湖底海拔达到 10.5 米以上，完全超过了湖周围里下河平原的海拔高度，成为不折不扣的"悬湖"。

江河、湖泊

你知道世界上最大的淡水湖吗？

　　苏必利尔湖是世界上最大的淡水湖，1622年为法国探险家所发现，湖名取自法语，意为"上湖"。该湖为美国和加拿大共有，被加拿大的安大略省与美国的明尼苏达州、威斯康星州和密歇根州所环绕。苏必利尔湖的面积为82414平方千米，比捷克共和国还大。苏必利尔湖的蓄水量可以将北美洲与南美洲完全覆盖。第四纪冰期时，苏必利尔湖地区接近拉布拉多和基瓦丁大陆冰川中心，冰盖厚2400米，侵蚀力极强，原有低洼谷地的软弱岩层逐渐受到冰川的刨蚀，扩大而成今日的湖盆。当大陆冰川后退时，冰水聚积于冰蚀洼地中，便形成苏必利尔湖的水面。

　　湖中最大岛屿为罗亚尔岛，已辟为美国国家公园。主要港口有加拿大的桑德贝和美国的塔科尼特等。全年通航期为8个月。沿湖多林地，风景秀丽，人口稀少。

▼ 苏必利尔湖风光

▲ 湖水总是给人一种神秘的感觉，吸引人去探知湖底究竟深藏着多大的秘密

为什么说彼奇湖是"宝湖"？

彼奇湖位于特立尼达岛西南方，这个湖里没有一滴水，取而代之的是天然沥青，因此人们称它为天然沥青湖。更神奇的是，这个湖里的沥青年年开采，从不见减少，简直是"取之不尽，用之不竭"。所以，被人们称为"宝湖"。该湖黝黑发亮，湖面沥青有的地方被太阳炙烤质地变硬，可以承受人的重量。湖中央是一块很软很软的地方，在那里，有沥青源源不断地涌出来。据地质学家称，彼奇湖面积0.36平方千米，而湖底深不可测。人们曾用工具打探沥青湖，在湖心探到90～100米的深处的岩心仍是沥青。因而，湖的深度还不能确定，或许这就是彼奇湖沥青取用不尽的原因之一。

江河、湖泊

阿根廷湖里有许多冰块吗？

　　阿根廷湖是南美洲少见的冰川湖，并以湖中冰块堆积景观闻名。湖中的冰块来自周围 150 多条冰河，巨大的冰块互相撞击，缓缓向前移动，有时形成造型奇特、高达 80 米的冰墙。这些冰块最后全部汇积到阿根廷湖，组成了一系列洁白如玉的冰山雕塑。

▼ 阿根廷湖风光

▲ "调皮"的马拉维湖

为什么说马拉维湖很"调皮"？

在当今世界上，奇怪的湖泊有很多，而马拉维湖就是其中之一。每天上午9时左右，马拉维湖的湖水会发生消退，当水位下降6米多便中止；然后，在"休息"两小时后，湖水继续消失，直至出现浅滩而停止。这还没有结束，4小时后，"退避三舍"的湖水会慢慢返回"家园"，使马拉维湖重新恢复原有的状态。更奇怪的是，下午7时，湖水会开始骚动，然后水位不断上升，直至洪流漫溢，倾泻八方；两小时后，马拉维湖才又恢复平静。对于马拉维湖的"调皮"举动，科学界一直没有给出明确的解释。但是，人们发现，马拉维湖水位的消长是有迹可循的：有时一天一度，有时数日一回，有时数周一次，每次都是上午9时左右，"故伎重演"，前后约持续12小时。

江河、湖泊

115

part 4

名泉、沼泽、瀑布

为什么珍珠泉会冒泡?

　　不同的珍珠泉,冒泡的原因也不相同。一般来说,是因为水里有气泡,气泡上涌,就像珍珠一样。这些气泡的形成原因有多种可能性,比如水底植物的呼吸产生气体,聚积到一定程度就会形成气泡;而有些气泡是因为水底有地质断层,断层中含有气体,缓慢释放,从而形成气泡。此外,水底如果有古老的植物埋藏,在时间、压力以及温度的作用下,也会产生气体,发生气泡上溢的现象。

▼ 冒着腾腾热气的温泉

▲ 温泉

中冷泉是"天下第一泉"吗？

中冷泉又名南零水，位于江苏镇江金山西侧的塔影湖畔。清道光年间，金山与长江南岸相连，中冷泉也和陆地相接。

中冷泉原在扬子江江心，是万里长江中独一无二的泉眼。此泉原在波涛滚滚的江水之中，由于河道变迁，泉口处已变为陆地，现在泉口地面标高为 4.8 米。

中冷泉号称"天下第一泉"，早在唐代就被推举为全国宜于煎茶的七大水品之首。据说，用此泉沏茶，醇香甘洌，由此中冷泉声名远扬。

名泉、沼泽、瀑布

为什么含羞泉会"害羞"？

含羞泉位于四川广元境内龙门山东北段，以"害羞"现象吸引了众多目光。所谓的"害羞"就是当你向水中扔石头发出震动的声音时，泉水就不再流动，像害羞了一样。而当静下来时，泉水又源源外流，而且水量也随之增大。如果再振动，泉水又"缩回"去了。为什么会出现这种奇特的现象？经地质学家研究得出：含羞泉的泉水是从细小的孔隙中流出，受到毛细管现象控制，当振动时，会产生一种压力，把要流出的泉水压回去；静一会儿后，岩石与土层中的毛细管现象又能将泉水吸引出来。所以，泉水出现了"害羞"现象。

▲ 月牙泉的沙漠景观

为什么敦煌月牙泉不会干涸？

月牙泉位于我国西北地区的茫茫沙海中。那里气候炎热，降水稀少，但是月牙泉却始终没有干涸。

月牙泉地处南、北鸣沙山之间，在月牙泉偏东方向——南、北鸣沙山的后部，是一道低矮的豁口。经过豁口吹来的风，很快形成沿鸣沙山坡面做心式上旋运动的气流，将山坡表面的流沙由山脚吹向山顶，并有相当部分流沙降落到鸣沙山外侧，所以鸣沙山一直存在，月牙泉的水也不会干涸。

世界最大的沼泽叫什么？

奥克弗诺基沼泽是佐治亚州 7 大自然奇观之一，占地 43.8 万英亩，由许多岛屿、森林、湿地和开阔的水域组合而成，是北美最大的煤炭沼泽，是世界最大的沼泽。

奥克弗诺基沼泽的名字意为"冒泡的水"和"颤抖的地"，之所以这么说是因为它是海绵般松软的沼泽地。奥克弗诺基沼泽的水呈发亮的黑蓝色，反射效果极佳，微风吹过，水面就像无数面的小镜子在闪耀。

奥克弗诺基沼泽盛产鳄鱼，并以此闻名于世。此外，这里还有可怕的食肉植物，如狸藻、猪笼草、鹦鹉瓶子草等。

▼ 沼泽地的雾气可使人中毒

▲ 沼泽地的特殊环境吸引了许多动物来聚居

佛罗里达大沼泽是怎么形成的?

佛罗里达大沼泽位于佛罗里达州南部尖角位置,是由一条 25 千米宽的淡水河形成的,这条河缓缓流过广袤的平原,造成了这种独特的大沼泽环境。这片沼泽水浅而宽广,无数条浅浅的河流纵横交错,把整个地区划分成 1 万多个小岛。小岛高出水面 0.5 ~ 1 米。千百年来,这里的沼泽、森林和湿地几乎都没有改变,所以这里形成世界上唯一一块短吻鳄与普通鳄共存、淡水与盐水相互交融、红树与锯齿草繁茂生长的环境,另外还有难以计数的其他动植物生活于此。

名泉、沼泽、瀑布

为什么埃托沙盐沼被称为"幻影之湖"？

　　埃托沙盐沼位于纳米比亚北部,是纳米比亚最有名的探险胜地。当地语的意思是"白色干水之地",其实它就是一个巨大的盐沼,当地的奥万博人称其为"幻影之湖"。为什么埃托沙盐沼被称为"幻影之湖"呢？因为在湖干涸的时候,它是绿色的,就像一大块透明翡翠；闪闪发亮,把干渴的湖掩藏起来,给人一种生机勃勃的感觉。这就是埃托沙盐沼最如影如幻的地方,也是它最大的魅力。而到了雨季之时,盐沼蓄水,沿岸地带许多的天然喷泉也活跃起来。白花花的盐渍痕迹在浅水区星星点点,整个盐沼变成了一个巨大的天然湖泊。这时"幻影之湖"才真正被赋予了鲜活的生命力,开始真实地流动起来。

▼ 豚鹿就很喜欢生活在长有蒿草（芦苇）的沼泽湿地

▲ 尼亚加拉大瀑布

为什么尼亚加拉大瀑布会后退？

　　在北美洲伊利湖和安大略湖之间的尼亚加拉河上，有一个宽约 1249 米、落差 51 米的世界著名的大瀑布——尼亚加拉大瀑布。因为该瀑布气势磅礴，水声就像雷鸣一样，所以印第安人叫它"尼亚加拉"，意思是"雷神之水"。尼亚加拉大瀑布下的基岩，上部是较硬的石灰岩，下部是较软的页岩。当大瀑布以每分钟几百万千克的水从 51 米高处直泻而下时，基岩下部的页岩在强大的急流猛烈冲击和沙石摩擦下慢慢被掏空，随之基岩上部便发生崩坍，使得瀑布不断后退。所谓"水滴石穿"就是这个道理。据说，该瀑布每年平均会向后倒退 1 米左右。

名泉、沼泽、瀑布

地理大探险

优胜美地瀑布是怎么形成的？

　　优胜美地瀑布位于美国加州谢拉内华达山区，是北美洲落差最大的瀑布。瀑布高 739 米，可分为上优胜美地瀑布和下优胜美地瀑布两段。其中，上优胜美地瀑布水量较少，落差却高达 436 米，可以与全世界 20 个高瀑布的高度媲美。这一段瀑布的主要水源来自鹰溪平原的支流优胜美地溪，因多个水道在此汇集，并自峭壁顶端猛烈冲击而下，便形成了上优胜美地瀑布。相比之下，下优胜美地瀑布落差只有 100 米，由于优胜美地溪在这里产生了许多激流和乱流，所以整个地形也相当潮湿与湿滑。在优胜美地瀑布上、下两瀑布之间的落差区，有几个小潭，这一区的高度为 203 米，相当于是下优胜美地瀑布的 2 倍，因为地理上的阻碍，这一区域不容易全部看到。

◀ 优胜美地瀑布

▼ 伊瓜苏大瀑布

世界上最宽的瀑布在哪里？

位于阿根廷与巴西边界上伊瓜苏河与巴拉那河合流点上游 23 千米处的伊瓜苏瀑布，是南美洲最大的瀑布，也是世界上最宽的瀑布，瀑布总宽约 4000 米。由于巴拉那河的河谷是由南至北走，而伊瓜苏河的河床岩层却正好与巴拉那河垂直，所以，巴拉那河承受的河水冲刷远比伊瓜苏河高。经年累月侵蚀下来，巴拉那河渐渐变得越来越低，从而形成宽达 4000 米的伊瓜苏瀑布群。伊瓜苏瀑布河水量极大，可达到 1700 立方米／秒，人在 30 千米外就能听到它的飞瀑声。

名泉、沼泽、瀑布

黄果树大瀑布是怎么形成的?

黄果树瀑布美轮美奂,它的形成与流经瀑布的河流——白水河有着密切关系。首先,白水河的水量大,不仅可以维持惊心动魄的大瀑布壮景,而且还是把河谷切割成巨大跌水崖壁的必要动力。其次,白水河流域地势落差大,而且只要遇到地势转折或岩石结构发生变化,就会形成跌水,构成瀑布或瀑布群。在夏季,瀑布前还会出现一条五彩缤纷的彩虹,像一层金黄色的轻纱笼罩着整个山谷。

▼ 黄果树瀑布

▲ 壶口瀑布

为什么说黄河壶口瀑布会"走"？

　　壶口瀑布是黄河干流上唯一的瀑布，最初形成于龙门，后来迅速北移到达今天的陕西宜川县和山西吉县之间。经研究，使壶口瀑布后退速度快的主要原因是河床岩层由后层砂岩夹薄层页岩构成，页岩抗蚀力明显弱于砂岩。这种抗蚀力较弱，呈相间分布的岩层，极易形成瀑布，而且后退速度较快。此外，由于黄河中泥沙含量大，增强了水流的冲击力和磨蚀力。所以，河床抗蚀力弱、水量大、含沙量较高就是壶口瀑布会"走"的原因。现在，随着黄河水量日益减少，瀑布的后退速度也逐渐减慢。

名泉、沼泽、瀑布

129

为什么九寨沟"层湖叠瀑"？

　　九寨沟层湖叠瀑的组合是流水结合当地特殊的自然条件，通过侵蚀、搬运、沉积等形成的。具体形成过程大体上分为两个阶段：首先，泥石流突然爆发，堵塞河道，形成拦截河水的"垄岗"。其次，富含溶解钙的河水不断地在"垄岗"上沉淀钙华，使泥石垄岗变成钙华坝或钙华滩，坝上形成湖泊，湖水溢出、泻下就形成瀑布或滩流。所以，九寨沟的溪流和含钙质的泉水，是形成层湖叠瀑的重要条件。

▼ 九寨沟瀑布

▲ 维多利亚瀑布横穿赞比西河谷

维多利亚瀑布是怎么形成的?

　　维多利亚瀑布的形成，是由于一条深邃的岩石断裂谷正好横切赞比西河，断裂谷源于 1.5 亿年以前的地壳运动。维多利亚瀑布最宽处达 1690 米，河流跌落处的悬崖对面又是悬崖，两者间的峡谷仅 75 米，水在这里形成一个名为"沸腾涡"的巨大旋涡，然后顺着 72 千米长的峡谷流去。当赞比西河河水充盈时，维多利亚瀑布的水量每秒 7500 立方米，且下冲力极强，以至于水花飞溅，远在40 千米外均可以看到。

名泉、沼泽、瀑布

131

为什么说奥赫拉比斯瀑布是"最大噪声之地"？

奥赫拉比斯瀑布位于南非首都开普敦西北部的奥兰治河上，是世界第五大瀑布。奥兰治河也叫橘河，河流发源于莱索托高原上德拉肯斯山脉中的马洛蒂山，于亚历山大贝（南非城镇）注入大西洋。奥兰治河中下游流经干燥地带，支流稀少，水量的季节变化很大。由于河床呈阶梯状降落，于是就形成了著名的奥赫拉比斯瀑布。

奥赫拉比斯瀑布景色优美壮观，瀑布分五段，从高处飞流直下到 18 千米长的峡谷里时，会发出震耳欲聋的轰鸣声。所以，科伊科伊人将其命名为奥赫拉比，意思是"最大噪声之地"。此外，有人传说在响声如雷的瀑布脚下，受侵蚀的花岗岩漩涡孔是世界上最大的钻石储藏地。

▼ 奥赫拉比斯瀑布

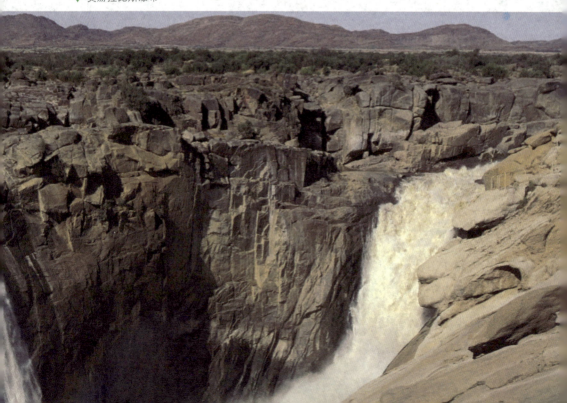

▲ 基桑加尼瀑布

你知道世界上最长的瀑布吗？

　　基桑加尼瀑布位于非洲的刚果河的上游段，刚果河从高原突然坠落到平原，形成了世界上最长的瀑布——基桑加尼瀑布群。

　　瀑布群分布在 100 千米的河道上，跨越赤道，其中有 7 个比较大的瀑布，南边的 5 个瀑布相距较近，落差也不大。最大的一个瀑布宽 800 米，落差 50 米。在下游地段又有一系列的瀑布，其中"利文斯顿瀑布"最为著名。连续出现的约 30 个瀑布或急流，总落差有 280 米。这里两岸悬崖陡壁，河宽仅有 400 米，最窄的地方只有 220 米，汹涌咆哮的河水奔腾直下，气势壮观，因此蕴藏着丰富的水利资源。从动力学的观点来看，该瀑布群是个天然的发电站，每年可提供上百亿度的电力资源。

莱茵瀑布是怎么形成的?

莱茵瀑布位于瑞士北部莱茵河上游,是目前欧洲流量最大的瀑布。

50万年前,冰河时期结束产生的大量水流形成了现在瀑布的周边地形。到了大约20万年前,"里斯冰期"开始之前,莱茵河形成,并且从沙夫豪森西侧流过。之后,到约12万年前,也就是"里斯冰期"期间,莱茵河开始往南转向。由于不断进行侵蚀作用,到了大约1.5万年前的"威斯康星冰期",莱茵瀑布形成。

▼ 莱茵瀑布

part 5

▼ 位于太平洋珊瑚海西部的大堡礁景观

世界最大的洋叫什么？

太平洋南起南极地区，北到北极，西至亚洲和大洋洲，东临南、北美洲，约占地球面积的三分之一，是世界上最大的大洋。

太平洋的面积，不包括邻近属海，约为 16642.1 万平方千米，是第二大洋大西洋面积的 2 倍、水容量的 2 倍以上。面积超过包括南极洲在内的地球陆地面积的总和。平均深度（不包括属海）4187.8 米。

太平洋资源丰富。西太平洋的日本海、鄂霍次克海是重要的渔场，出产鲱鱼、金枪鱼、蟹等。北美西海岸的哥伦比亚河以出产鲑鱼著名，海底有大量的锰结核，海水可提取海盐、溴、镁等。大陆棚是世界上石油资源最丰富的地区之一。

太平洋岛屿众多，主要分布于西部和中部海域，按性质分为大陆岛和海洋岛两大类。大陆岛一般在地质构造上与大陆有联系，如日本群岛、台湾岛、菲律宾群岛、印度尼西亚群岛及世界第二大岛新几内亚岛等。海洋岛分为火山岛和珊瑚岛。太平洋中部偏西广大海域，自西向东有三大群岛：美拉尼西亚、密克罗尼西亚和波利尼西亚群岛。其中美拉尼西亚群岛多为大陆岛，波利尼西亚群岛的夏威夷群岛是著名的火山群岛，密克罗尼西亚群岛则几乎是珊瑚岛。

世界第二大洋叫什么？

　　大西洋是世界第二大洋，位于欧洲、非洲与南、北美洲和南极洲之间。北以冰岛—法罗岛海丘和威维尔—汤姆森海岭与北冰洋分界，南临南极洲并与太平洋、印度洋南部水域相通；西南以通过南美洲最南端合恩角的经线与太平洋分界，东南以通过南非厄加勒斯角的经线与印度洋分界；西部通过南、北美洲之间的巴拿马运河与太平洋沟通，东部经欧洲和非洲之间的直布罗陀海峡通过地中海以及亚洲和非洲之间的苏伊士运河与印度洋的附属海——红海沟通。大西洋的赤道区域最窄，面积为7676.2万平方千米，平均深度3627米，最深处波多黎各海沟深达8605米。大西洋这个中文名称，最早来自于明朝万历十一年（1583年）意大利传教士利玛窦的译著。

▼ 大西洋

大西洋的海水盐度为什么不一样？

　　大西洋表层海水平均盐度为 35.9‰。在副热带海域，因降水量少，蒸发得多，盐度高达 37.3‰。然而，赤道地区，因年降水量多，蒸发量小，盐度在 35.0‰ 左右。除了这个原因，大洋的表层洋流对其盐度分布也有影响，例如湾流和北大西洋暖流把盐度较高的海水输向高纬度的大洋东侧，而盐度较低的北冰洋把海水输向大洋西侧，因此高纬度大西洋东侧表层海水盐度高，西侧表层海水盐度低。

为什么珊瑚礁主要分布在大洋西部？

　　世界上珊瑚礁多见于南北纬30°之间的海域中，而且尤以太平洋西部最多。这是因为珊瑚礁发育对水温、盐度、水深和光照等条件要求很高。1．水温：珊瑚生长的水温为 20～30℃。2．盐度：造礁珊瑚生长在盐度为 27‰～40‰的海水中，最佳盐度范围是 34‰～36‰。我国南海盐度为 34‰，属最佳盐度范围，海南岛沿岸有淡水注入，盐度略低，为 32‰左右。3．水深：一般认为造礁珊瑚生长的水深范围是 0～50 米，最佳水深为 20 米左右，这是与造礁珊瑚共生的虫黄藻进行光合作用所需的深度。4．光照：也是虫黄藻光合作用的需要，一般热带光照强、时间长，平均光照率在 50% 以上，有利于珊瑚礁的发育。由于不同海底地形上水动力作用不尽一致，因此珊瑚礁体会有所不同，如极浅的平缓海底往往形成离岸礁，而岸坡较陡，则礁体紧贴岸线发育。

海洋·岛屿

▲ 太平洋群岛

印度洋在世界大洋中排名第几？

　　印度洋位于亚洲、非洲、大洋洲和南极洲之间。印度位于印度洋北部的中央位置，这也是印度洋名称的由来。印度洋大部分在南半球，总面积 7491 万平方千米，约占世界海洋总面积的 21.1%，是世界第三大洋。印度洋的范围北至印度次大陆及阿拉伯半岛（南亚及西亚），西达东非，东侧则以印度尼西亚、巽他群岛及澳大利

亚为界，南迄南极洲。

　　印度洋的主要属海和海湾是红海、阿拉伯海、亚丁湾、波斯湾、阿曼湾、孟加拉湾、安达曼海、阿拉弗拉海、帝汶海、卡奔塔利亚湾、大澳大利亚湾、莫桑比克海峡等。

印度洋上的海浪

海洋·岛屿

▲ 印度洋

为什么印度洋表面水温低于太平洋？

通常来说，纬度位置、海陆分布、洋流运行、海上气象及径流入海水温等因素直接影响着大洋水温的高低。很多人都认为，海洋表面平均温度的最高区域应该在赤道附近，其实是在北纬10°附近。因为赤道附近蒸发量大，散热快，同时水汽上升空中形成云，又削弱了太阳辐射，此外再加上南半球海洋面积广阔，而北半球大陆相对集中。所以，在相同纬度的海域，北半球的海水表层温度比南半球偏高。太平洋洋面处于热带和亚热带的海区面积广大，其中80%的洋面年均温度高于20℃，且北太平洋水域也大于南太平洋。印度洋北部水域狭窄，广大水域在南半球，即从整个大洋来说，太平洋面平均温度要高于印度洋。

世界上最小的洋叫什么？

北冰洋是地球上最小的洋。北冰洋大致以北极为中心，四周为北美大陆、欧亚大陆和格陵兰岛，面积1225.7万平方千米，平均水深988米，最深处5502米。北冰洋有三条横贯海底的海岭。中央一条叫罗蒙诺索夫海岭，从埃尔斯米尔岛延伸到新西伯利亚群岛，把北极海盆分为欧亚海盆与美亚海盆。欧亚海盆被一条从大西洋海脊延伸过来的南森海底山脉分为南森海盆和弗拉姆海盆。美亚海盆被阿尔法海底山脉分为马卡罗夫海盆和加拿大海盆。有将近1/3洋面底下为大陆棚。

因为覆盖着冰层的洋面反射阳光，海水温度低，北冰洋的浮游生物只有其他海洋的1/10。鱼类只有北极鲑和北极鳕。哺乳动物生活在水中的有耳海豹、皮海豹、毛海豹、海象和各种鲸；栖息在陆地上的有北极熊和北极狐。

▼ 北冰洋

拥有最多岛屿的海叫什么海?

爱琴海位于希腊半岛和小亚细亚半岛之间。南通地中海,东北经过达达尼尔海峡、马尔马拉海、博斯普鲁斯海峡通黑海,南至克里特岛。长611千米,宽299千米,面积21.4万平方千米,平均深度570米,最深处在克里特岛东面,达3543米。

爱琴海海岸线非常曲折,港湾众多,共有大小岛屿约2500个。爱琴海的岛屿可以划分为7个群岛:色雷斯海群岛、东爱琴群岛、北部的斯波拉提群岛、基克拉泽斯群岛、萨罗尼克群岛、多德卡尼斯群岛和克里特岛。爱琴海的很多岛屿或岛链实际是陆地上山脉的延伸。一条岛链延伸到了希奥岛,另一条经埃维厄岛延伸至萨摩斯岛,还有一条从伯罗奔尼撒半岛经克里特岛至罗德岛,正是这条岛链将爱琴海和地中海分开。许多岛屿是火山岛,有大理石和铁矿。克里特岛是海中最大的一个岛屿,面积8000多平方千米,东西狭长,是爱琴海南部的屏障。克里特岛上有大面积的肥沃耕地,相比之下,其他岛屿的土地就比较贫瘠了。爱琴海岛屿的大部分属于西岸的希腊,一小部分属于东岸的土耳其。

▼ 爱琴海景观

▲ 马尔马拉海畔的伊斯坦布尔

世界上最小的海叫什么海？

马尔马拉海东西长 270 千米，南北宽 70 千米，面积为 1.1 万平方千米，只相当于我国的 4.5 个太湖那么大，是世界上最小的海。海岸陡峭，平均深度 183 米，最深处达 1355 米。

马尔马拉海也是土耳其亚洲和欧洲部分分界线之一，东北经博斯普鲁斯海峡与黑海沟通，西南经达达尼尔海峡与爱琴海相连。海中有两个群岛，克孜勒群岛在东北面，接近伊斯坦布尔，为旅游胜地。马尔马拉群岛在西南面，与卡珀达厄半岛相望。有几座建筑物临近大海，那边的风浪很大，海风刺骨，在欧亚两洲的海岸上都有灯塔。

马尔马拉海的海岛上盛产大理石。希腊语"马尔马拉"就是大理石的意思。海中最大的马尔马拉岛，也是用大理石来命名的。马尔马拉岛很早以前就有人开始开采大理石，沿岸城镇是兴旺的工农业中心，并且景色优美，是土耳其的旅游胜地。

海洋、岛屿

你知道世界上最浅的海吗？

亚速海是一个陆间海，西面为克里米亚半岛，北面为乌克兰，东面为俄罗斯，只有刻赤海峡与黑海相连。亚速海最深处只有14米，平均深度只有8米，是世界上最浅的海。由于顿河和库班河夹带大量淤泥，致其东北部塔甘罗格湾水深不过1米。这些大河的流入确保海水盐分很低，在塔甘罗格湾处几乎是淡水。

亚速海属温带大陆性气候，时而严寒，时而温和，经常有雾。正常情况下，沿北岸海面通常在12月至翌年3月结冰。

海流以逆时针方向沿海岸环流。由于每年河水注入量不同，亚速海的年平均水平面差别高达33厘米。潮汐时水平面上下波动可达5.5米。亚速海中的动物有无脊椎动物300多种，鱼类约80种，其中鲟、鲈、欧鳊、鲱、鲂、鲻、米诺鱼特别多。

▼ 紧连亚速海的克里米亚山

你知道世界上最深的海沟吗？

▲ 海沟

马里亚纳海沟是世界最深的海沟，这条海沟的形成据估计已有 6000 万年，是太平洋西部洋底一系列海沟的一部分。它处于亚洲大陆和澳大利亚之间，北起硫黄列岛，西南至雅浦岛附近。其北有阿留申、千岛、日本、小笠原等海沟，南有新不列颠和新赫布里底等海沟，全长 2550 千米，为弧形，平均宽 70 千米，大部分水深在 8000 米以上。最大水深在斐查兹海渊，为 11033 米，是地球的最深点。如果把世界最高的珠穆朗玛峰放在沟底，峰顶将不能露出水面。另外马里亚纳海沟的鱼类为适应环境，它们的身体的生理机能已经发生了很大变化，这些变化反映在深海鱼的肌肉和骨骼上。由于深海环境的巨大水压作用，鱼的骨骼变得非常薄，而且容易弯曲；肌肉组织变得特别柔韧，纤维组织变得出奇细密。更有趣的是，鱼皮组织变得仅仅是一层非常薄的层膜，它能使鱼体内的生理组织充满水分，保持体内外压力的平衡。这就是深海鱼类为什么在如此巨大的压力条件下，也不会被压扁的原因。

海洋、岛屿

巴哈马群岛的海滩为什么令人神往？

巴哈马群岛位于佛罗里达海峡口外的北大西洋上，西望佛罗里达半岛，南指古巴岛，东北方向与百慕大群岛毗邻。整个群岛由西北向东南延伸，长 1220 千米，宽 96 千米，由 700 多个大小岛屿和 2400 多个岩礁和珊瑚礁组成。

巴哈马群岛的主岛叫新普罗维登斯岛，巴哈马联邦的首都拿骚就在这个岛上，同时毗邻天堂岛。拿骚和天堂岛这一对姊妹岛屿将国际大都会的魅力和热带旖旎风光完美地融合成一体，来此消遣度假的游客们，可尽情在各处观光游玩。巴哈马首都拿骚的海边，一片粉红色让人以为那里开满了鲜花，走近了，却发现竟然是沙滩的颜色。原来整个沙滩都是由被海水冲刷成的红珊瑚粉末构成的。粉红海滩位于海湾岛南侧，绵延数里，在耀眼的阳光下，原本闪烁着白色光芒的细沙，经海水浸润后，竟然神奇地泛着淡淡的粉红色。这里的细沙富含特殊的矿物质，遇到海水，就会变成嫩粉色，非常奇妙。因为这片沙滩不同寻常，所以也就成了新人举行婚礼的最热门地点。新人在附近的小教堂举行了仪式，便会悠然走到这片沙滩，对着蓝天和白云再次说出相爱的誓言，而这片粉红，就是上帝留给所有相爱的人们的精致礼物。

▼ 巴哈马的粉色海滩